Ferdinand Koerbs

Untersuchung der sprachlichen Eigentümlichkeiten des Altspanischen

Ferdinand Koerbs

Untersuchung der sprachlichen Eigentümlichkeiten des Altspanischen

ISBN/EAN: 9783743484740

Hergestellt in Europa, USA, Kanada, Australien, Japan

Cover: Foto ©Thomas Meinert / pixelio.de

Manufactured and distributed by brebook publishing software (www.brebook.com)

Ferdinand Koerbs

Untersuchung der sprachlichen Eigentümlichkeiten des Altspanischen

UNTERSUCHUNG DER SPRACHLICHEN EIGENTÜMLICHKEITEN DES ALTSPANISCHEN „POEMA DEL CID".

INAUGURAL-DISSERTATION

VON

FERDINAND KOERBS

AUS

FRANKFURT AM MAIN.

FRANKFURT A. M. 1893.
DRUCK VON GEBRÜDER KNAUER.

Approbiert 20. Juni 1888.

Einleitung.

Der der folgenden Untersuchung zu Grunde liegende Text ist nach der einzigen, denselben enthaltenden Handschrift, die sich im Besitz des Marques Pidal zu Madrid befindet, bis jetzt im ganzen sechsmal herausgegeben worden:

Zuerst veröffentlichte unsere Dichtung im Jahre 1779 der spanische Gelehrte Tom. Ant. Sanchez in dem ersten Bande seiner „Coleccion de Poesias Cast. anteriores al siglo XV." Außer einigen Anmerkungen unter dem Text giebt Sanchez in der Einleitung eine Beschreibung der Handschrift, die sich zu seiner Zeit noch in Vivar bei Burgos, dem Geburtsort des Cid Campeador, befand, und im Anhang einen alphabetisch geordneten „Indice de las voces antiquadas y mas oscuras de este poema, que necesitan explicacion". Ein Neudruck der ganzen „Coleccion" erfolgte im Jahre 1842 durch Ochoa in Paris.

Die erste Ausgabe in Deutschland erschien im Jahre 1804 im ersten Bande der „Biblioteca castellana, portugues y provenzal. Por D. G. Henrique Schubert". Altenburg 1804. 8°. (Diese Ausgabe finde ich zitiert bei Wolf, Studien zur spanischen und portugiesischen Nationallitteratur, Berlin 1859, p. 28 Fußnote; im Nachtrag ist portugues als Druckfehler statt portuguesa vermerkt.)

1858 erschien zu Paris eine Prachtausgabe des Poema del Cid von Damas Hinard: dieselbe enthält außer dem Abdruck des P. C. nebst einer französischen Übersetzung und zahlreichen Fußnoten eine Einleitung von LXXX Seiten, einen Abdruck des im Jahre 1846 in den Wiener Jahrb. der Litt. von Francisque Michel zum erstenmal veröffentlichten Bruchstücks der Crónica Rimada „insoweit sie den Cid unmittelbar betrifft (von v. 279 an)", ebenfalls mit einer französischen Übersetzung und vielen Fußnoten. weiterhin sieben Seiten „Notes Géographiques", 47 Seiten „Notes Hist. et Litt.", und zum Schluß ein ausführliches, aber dennoch nicht ganz vollständiges Glossar, das alle im P. C. vorkommenden Wörter, alphabetisch nach Stämmen geordnet, enthalten soll.

1864 erschien in Madrid ein Neudruck des P. C. von Florencio Janer im 57. Bande der „Biblioteca de Autores Españoles". Janer verglich die Ausgaben von Sanchez und D. Hinard mit der Handschrift und bemerkte von der Handschrift abweichende Lesarten derselben unter seinem Texte: Sanchez' Einleitung und Glossar nahm er ohne Änderungen herüber, nur ersparte er sich bei dem letzteren die Mühe. auch die Belegstellen für die einzelnen Wörter, die Sanchez überall beifügt, mit abzudrucken. Verdienste hat sich Janer erworben durch die Entdeckung des für die Chronologie des P. C. wichtigen Schlusses der Dichtung.

1879 endlich erschien die jüngste Ausgabe des P. C. unter dem Titel: „Poema del Cid. Nach der einzigen Madrider Handschrift mit Einleitung, Anmerkungen und Glossar neu herausgegeben von Karl Vollmöller. I. Teil: Text. Halle. Max Niemeyer, 1879."

Bis jetzt liegt leider nur der erste Teil vor.

Auch eine deutsche Übersetzung des P. C. besitzen wir, sie führt den Titel: „Das Gedicht vom Cid. In der Versweise des altspanischen Originals zum erstenmal in das Deutsche übertragen und mit erläuternden Anmerkungen begleitet von O. L. B. Wolff. Jena 1850."

Wichtige Beiträge zur Kenntnis des P. C., besonders auf textkritischem Gebiet haben in neuerer Zeit geliefert J. Cornu im X. Band 1881 der Romania p. 82—97 (p. 75—82 stellt derselbe Gelehrte Etymologien für verschiedene im P. C. vorkommende Wörter auf: alguandre, auze, contir-cuntir, curiar, escurrir-escorrecho, furçion, nadi, saña, virtos) und G. Baist zuerst in seiner Besprechung von Prof. Vollmöllers

Ausgabe im Litteraturblatt f. germ. und rom. Philol. Bd. I 1880, Sp. 339 ff. und dann in der Besprechung der eben genannten Abhandlung von Cornu in R. Zs. Band VI, 1882 p. 167—173. Auch der spanische Forscher Milá y Fontanals hat in seinem Werke „De la Poesia Heroico-Popular Castellana Barcelona 1874" in einigen Fußnoten zu den Proben, die er p. 230 ff. aus dem P. C. giebt, Vorschläge zur Besserung des Textes gemacht.

Über die Zeit der Entstehung des P. C. gehen die Meinungen der Gelehrten bis jetzt noch ziemlich weit auseinander. Während Ferd. Wolf die Abfassung zwischen 1140 und 1160 setzt, und dabei an die Möglichkeit denkt, daß das P. C. ein Hochzeitsgedicht zu Ehren der Heirat Blancas, der Urenkelin des Cid, mit Sancho III. im Jahre 1151 sei — er bezieht sich hierbei auf v. 3723 nach Vollmöllers Zählung, dessen Ausgabe überhaupt der vorliegenden Abhandlung zu Grunde gelegt ist, — (cf. Wiener Jahrb. Band 56, p. 250, 251 = Studien p. 44, 45), während es für Herrn Prof. Vollmöller (Gött. gel. Anz 1882, Stück 16) unzweifelhaft ist, „daß das Gedicht nicht lange nach 1135 (vgl. v. 3003 Aqueste fue padre del buen enperador, nämlich Alphons des VII., der 1135 den Titel Kaiser von Spanien annahm) entstanden ist", stellt der Leydener Gelehrte Prof. R. Dozy in seiner hochbedeutenden Abhandlung über den Cid (Rech. s. l'Histoire et la Littérature de l'Espagne pendant le Moyen-Age, Leyde III. éd. t. II, p. 1—233) p. 83 unter Heranziehung der letzten Zeilen des P. C. die Behauptung auf, die Dichtung sei genau im Jahre 1207 entstanden. — Jedenfalls sind die Gründe, die Wolf und Vollmöller anführen, bei weitem überzeugender, als die von Dozy vorgebrachten.

Die Handschrift, in der uns das P. C. überliefert ist, stammt aus dem 14. Jahrhundert, und zwar aus dem Anfang desselben.

Das „Poema del Cid", wie es von Sanchez zuerst genannt wurde, obgleich eine andere Bezeichnung, etwa „Can-

tares del Cid" (cf. v. 2276) oder „Cantares de Gesta del Cid"
(cf. v. 1085) besser passen würde, besteht in seiner gegenwärtigen Gestalt aus 3734 Zeilen von z. T. sehr ungleicher
Länge, von denen immer eine größere oder geringere Anzahl
aufeinander folgender assonieren: im Anhang soll der Versuch
gemacht werden, die z. T. fehlerhaften Assonanzen in ihrer
ursprünglichen Gestalt wiederherzustellen.*)

In der Handschrift fehlen am Anfang einige Blätter,
und zwischen Vers 2337 und 2338 ein Blatt; den Inhalt des
letzteren, etwa 50—52 Verse, hat mit Hilfe der „Cronica
del Cid" Damas Hinard in seiner Ausgabe des P. C. p. 158
Fußnote angegeben.

Sanchez schätzt den Umfang des P. C. incl. der fehlenden Blätter auf ca. 4000 Verse.

Bei vorliegender Arbeit habe ich in einigen Punkten
außer den obengenannten Hilfsmitteln noch eine Kollation
benützen können, die Herr Dr. G. Baist-Erlangen nach der
Ausgabe Vollmöllers angefertigt hat, und von welcher Herr
Prof. Förster mir eine in seinem Besitz befindliche Abschrift
gütigst überließ.

---

*) Diese Arbeit ist jetzt überflüssig; Herr Antonio Restori in
Syrakus hat im Propugnatore 1887, Band XX, disp. 1—2 p. 97—159, disp.
4—5 p. 109—167, disp. 6 p. 408—437 eine Abhandlung veröffentlicht unter
dem Titel „Osservazioni sul metro, sulle assonanze e sul testo del Poema
del Cid", in welcher alle einschlägigen Fragen mit der größten Sorgfalt
behandelt und zum guten Teil gelöst worden sind. Was speziell die Versuche zur Herstellung der richtigen Assonanzen anbetrifft, so stimmen
seine Vorschläge fast ausnahmslos mit den Besserungen, die ich in meiner
Arbeit vorschlug, — dieselbe stammt aus dem Sommer 1886, wo ich sie
bei einer Preisbewerbung der philosophischen Fakultät der hiesigen Universität vorlegte — überein.

Ich kann also in diesem Punkte nur auf Restori's Arbeit verweisen.

Laut-Lehre.

A. Vokalismus.

I. Lateinisches a.

Betontes lat. a bleibt in offener wie in geschlossener Silbe im Span. überhaupt erhalten, so auch im P. C. malo$_9$ pan$_{66}$ sano$_{75}$. Suff.-alem campal$_{784}$ natural$_{8.5}$; saña$_{22}$ santas$_{48}$. Suff.-aculum presentaia$_{516}$, daneben dasselbe Wort mit dem Suff.-ĭculum: presenteia$_{1315}$: gelehrt ist die Form miraclos$_{344}$ nsp. milagros.

a entwickelt sich unter dem Einfluß eines in der Nähe befindlichen I-Elementes (sei es nun ein unmittelbar folgendes c oder ein in der nächsten Silbe im Hiatus stehendes i) in Verbindung mit demselben zu ẹ; über die Qualität desselben im P. C. läßt sich kaum etwas feststellen, da nur ein einziges von den hierher gehörigen Wörtern in der Assonanz vorkommt, und zwar in einer solchen auf ẹ cavalleros$_{616}$. Es gehören hierher die Wörter, die mit dem Suffix-arium gebildet sind: escuderos$_{187}$ (scutarios) cavalleros$_{234}$, in einigen Fällen fehlt das auslautende o: primer$_{184}$ neben primero$_{140}$: manera, das im nsp. durchdrang, finden wir im P. C. nicht, an Stelle dessen immer maña = *manea; glera$_{56\ 59}$ (glarea); erhalten ist das Suff.-arium nur in dem gel. Calvario$_{347}$ = nsp. calvero; gelehrt ist wohl auch parias$_{109}$ Tribut = lat. parparia+s; tred$_{112}$: Die dunkle Stelle ist durch die Erklärung Sanchez' = traed wohl noch nicht genug aufgeklärt: einstweilen scheint mir die Besserung Damas Hinards, wenn auch sehr kühn, doch am entsprechendsten: er setzt an Stelle des in der hs. stehenden „Amos todos tred" die Lesart „Vamos todos tres: dem Sinn entspricht sie jedenfalls vollkommen (cf. l. c. p. 12, v. 142 und Anmerkung dazu).

a+c: hé$_{81}$, se$_{230}$ plega$_{282}$; placitum zeigt zweierlei Entwickelung, einmal pleyto$_{160}$ mit der Bedeutung „Vertrag", andrerseits plazo$_{312}$ in der Bedeutung „Frist, Termin"; laxo entwickelt sich zu dexo$_{77}$, wohl unter Mitwirkung des c, das in dem x enthalten ist; außerdem zeigt die Form den verhältnismäßig seltenen Wandel von l zu d.

facere zeigt sich in dreierlei Gestalt: 1) das c fällt spurlos: far; 2) durch den Einfluß des c entwickelt sich a zu e: fer; 3) durch Übergang in die ē-Konjugation erhalten wir die Form fazer. Bemerkenswert ist die Thatsache, daß die im usp. durchgedrungene Form hacer = fazer nur ganz selten vorkommt: 252, 2220, 3055, 3601, 561 (?); nicht minder bezeichnend ist die Thatsache, daß bis zum v. 1250 far fast ausnahmslos steht (fer fand ich nur v. 84), wogegen von hier ab fer fast ausnahmslos gebraucht wird (a kann man in einer á-Tirade vv. 1388, 1466, 3380 finden).

Formen des verbs, wo das i-Element sonst noch das a beeinflußt hat, sind: femos, feches, feré neben faré und so das fut. durch, das cond., fet und fed neben fazed (imp. pl.) und das part. perf. fecho. (Das Nähere s. u. Formenlehre.) a + u - Element: a + l + einf. Kons. bleibt erhalten: alto, salto$_{244}$, a+l+Doppel-Kons. ergiebt o+Doppel-Kons.: otro$_{394}$; Attraction von u aus der folgenden Silbe in die Tonsilbe haben wir in ovo$_{68}$ (habuit) sopo$_{295}$ u. ä.

Einschiebung von a zwischen zwei Konsonanten, das dann den Ton erhielt, haben wir nach E. W. 11b s. v. rebatar in rebata und dessen Zusammensetzungen aus arreptare.

Nebentoniges a• bleibt immer: aguiiava$_{51}$ cavalgava$_{84}$ alegreya$_{797}$ Castelano$_{748}$. Tonloses a: Vortonig bleibt immer: arena$_{86}$ cabeça$_{2}$ amigo$_{78}$ palabra$_{26}$. Nachtoniges a bleibt ebenfalls in der Regel: cabeça$_{2}$ puertas$_{3}$ diestra$_{11}$. In dem Fall, daß auslautend tonloses a mit anlautend tonlosem a zusammentrifft, finden wir neben der Schreibung la loma ayuso$_{42}$ Fista ayuso$_{416}$ auch cuesta yusa$_{992\ 1002}$: so trennt Vollmöller ab; ich glaube es ist ebenso richtig zu trennen cuest'ayuso; dieselbe Erscheinung zeigt sich auch einigemale, wenn auslautend und anlautend l, resp. n zusammentreffen.

Zu vortonigem a noch einige Bemerkungen: Cornu Rom. 10, p. 82 macht darauf aufmerksam, daß ygamos$_{72}$ = iaceamus sei; in dem Fall müssen wir eine Einwirkung des i-Elements auf das vortonige a annehmen, und die weitere Entwickelung der ersten Silbe verliefe dann so, wie bei der ersten Silbe von genuculum-ynoio; könnten wir vielleicht eine ähnliche Entstehung für evades$_{253\ 820}$ aus habeatis annehmen?

Tonloses a im Auslaut fällt immer in der Wendung en buen'ora, steht jedoch das adj. nach dem subst., so tritt die volle Form ein en ora buena$_{266\ 2056\ 2092}$: auslautendes a fiel auch in un'ora$_{605}$; ebenso la buen anze$_{2369}$, aber la nuestra anze$_{2366}$

Bei der Nennung der Namen der beiden Töchter des Cid, die meistens zusammen erwähnt werden, ist die Formel gewöhnlich „Don Elvira e Doña Sol"$_{2075}$ u. s. (im ganzen 18 mal), daneben finden wir auch Don Elvira e Doña Sol$_{2747\ 3187\ 3348}$ (wohl Versehen des Kopisten), ferner DoñaE. e . . .$_{2710}$ und Don Elvira e Don Sol$_{2786}$ die beiden letzten Formeln nur je einmal, don Urraca$_{2812}$.

In proparoxytonis fällt der tonlose Vokal der vorletzten Silbe in der Regel, so auch a: die Fälle sind selten: colpe$_{184}$ nsp. golpe; eine Ausnahme bildet sabana$_{183}$

II. Lateinisches ę (klass. lat. ĕ).

Betontes ę in offener wie in geschlossener Silbe diphthongiert in der Regel zu ie, so auch im P. C. bien$_7$ miedo$_{33}$ fiero$_{422}$: mientre$_1$ pienssan$_{10}$ tiesta$_{13}$ tierra$_{14}$ diestra$_{11}$ (eine Anbildung daran ist siniestra$_{12}$, das eigentlich *senestra oder sinestra lauten sollte), siempre$_{108}$ sierra$_{415}$ u. a.

ie aus ę wurde im nsp. zu i in den Wörtern castiello$_{98}$ Castiella$_{219}$ siella$_{993}$ capiella$_{1580}$ und priessa$_{235}$. also nsp. castillo, Castilla, silla, capilla und prisa (bei dem letzten Wort finden wir allerdings auch noch die andere Form priesa), vielleicht infolge von Accentverschiebung.

Petrum ist gewöhnlich erhalten in der Form Pero$_{203}$ u. s.. daneben findet sich einmal die Form Peydro$_{363}$

Im Anlaut diphthongierendes ę wurde ye (wohl mit konsonantischem, nicht i vertretendem y) in yermo$_{390}$ *ĕremus, kl. lat. erémus, und yerbas$_{2022}$ Ein wenig spanisches Aussehen hat apres$_{1225\ 1559}$; weder diphthongierte das ę, noch blieb ss, wie sonst durchgängig im P. C., noch blieb auslautendes o erhalten; ich möchte dies Wort wie auch palafres$_{1064}$ für ein Lehnwort aus Frankreich halten.

Suff.: ęntum-iento: sangriento$_{780}$ = *sanguinentum.

III. Lateinisches ę (klass. lat. ē, ĭ).

Betontes ę in offener wie in geschlossener Silbe bleibt erhalten: arena$_{86}$ candela$_{241}$ fe$_{120}$; palafres$_{1064}$ scheint ein frz. Lehnwort zu sein.

Anm. camelos$_{2490}$, nur einmal vorkommend. läßt es zweifelhaft, ob wir schon für das P. C. wie für das nsp. camello eine lat. Form *camélium ansetzen müssen, in welchem Fall der Schreiber, wie dies im P. C. öfters vorkommt, einfaches l statt ĺ gesetzt hat, oder ob diese Form das klass. lat. camélum getreu wiedergiebt.

e in offener Silbe finden wir durch i wiedergegeben in comigo$_{1045}$ contigo$_{349}$ und consigo$_{67}$ vielleicht unter Einwirkung des folgenden c; in vino$_{112}$ priso$_{110}$ (3 sg. pf.) führt man den Umlaut wohl auf den Einfluß des in 1. sg. folgenden i in veni, *presi zurück.

ĭ blieb erhalten in bibda$_{2323}$ = vidua, und sin$_3$

ę in geschl. Silbe: espeso$_{81}$ end$_{357}$ esto$_9$.

Zu ie wurde ę in geschl. Silbe in finiestras$_{11}$ (vielleicht eine Analogiebildung an diestra, ähnlich wie siniestra) und capiclo$_{3492}$ lt. capíllum, nsp. cabello.

Suff.: ensis = es: Burgales$_{65}$, burgeses$_{17}$ (= deutsch: burg + ensis).

-iscum giebt unregelmäßiger Weise -isco in morisca$_{178}$ nach den Beispielen die R. Gr. 5, II. 388 angeführt sind, schwankt die Endung im sp. überhaupt sehr zwischen den Formen isco und esco, und es wäre gerade für das span. und port. recht wohl möglich, obwohl Diez dies nicht gelten lassen will, daß die germ. Endung -isch, ahd. -isk auf die lat. Endung iscum eingewirkt hätte.

-itia ergiebt regelrecht eça: cabeça$_2$ itium finden wir in einigen Wörtern als içio erhalten (gelehrt?): ençerviçio$_{69}$ u. a. s. unter tj.

-iculum-a giebt cio, eia: vermeios$_{86}$, corneia$_{11}$, pareias$_{2761}$, oveias$_{481}$, daneben alegreya$_{797}$ *alecrem + iculam (y wohl an Stelle von i).

-iculare giebt -eiar: semeia(r)$_{157}$ apareiados$_{112}$.

Über iemos, iestes der 1., 2. pl. perf. s. unten Formenlehre.

Nebentoniges e bleibt im allgemeinen erhalten; die Beispiele sind ziemlich selten: mesurado$_7$ heredades$_{115}$ hermar$_{533}$

Neben erhaltenem e in rremaneçio$_{1414}$ finden wir einmal o: rromaneçiere$_{825}$: einmal finden wir an Stelle des nebentonigen e ein i: dixaremos$_{1438}$

Vortoniges e ist in der Regel erhalten: señor$_{20}$ celada$_{437}$ trezientas$_{723}$

Anlautend wurde es durch a ersetzt in dem bekannten pron. dem. aquel$_{26}$ aqueste$_{121}$: außerdem in atal$_{2629}$.

Fälle, in denen vortoniges e nicht im Anlaut stehend durch a ersetzt ist. sind iantar$_{285}$ und rastar$_{685}$

An Stelle von vortonigem e und neben demselben finden wir i in meliorem: meior$_{328\ 2067}$ miyor$_{1328}$ miior$_{1349\ 3719}$: i in folgender betonter Silbe scheint gewirkt zu haben in finiestras$_{17}$ usp. hin. . . .

Durch o vertreten finden wir vortoniges e im Anlaut in obispo$_{1289}$, im Inlaut in folon$_{960}$: sonst gem. rom. fel. . . . so auch sonst im asp. Gonz. Bc. Vida de S. Millan fellones 203 a,

Milagr. de Nuestra Señora fellon 34d, Libro de Alej. fellon 86c, 121a, 203a u. s. w.; nsp. ist das Wort veraltet.

Vortoniges e nach anlautendem g entwickelte sich mit diesem zusammen zu y: ynoios $_{264}$

Nachtoniges e: auslautend nach einfacher Konsonanz fällt in der Regel: sin$_3$ (daneben mit angehängtem s sines$_{597}$) bien$_7$ dolor$_{18}$ rrazon$_{19}$ fiel$_{204}$ u. s. w.. ebenso immer beim inf.. alaudare$_{335}$ ist wohl gelehrt.

Statt auslautendem e müssen wir u ansetzen in cince$_{187}$

Grosses Schwanken herrscht in der 3. sg. ps. ind. der Verba placere, jacere, dicere, wo das e nach dem z teils erhalten bleibt, teils fällt: plaze$_{625\ 626,\ 670}$ und plaz$_{189}$ iaze$_{437}$ und iaz$_{1209}$; dize$_{922}$ und diz$_{1875}$. facere zeigt in der Regel die Form faze. Ein Unterschied in der Aussprache dürfte kaum stattgefunden haben, wie sich aus den Assonanzen ergiebt.

Im nsp. ist das e überall wieder durchgedrungen.

Nachtoniges e im Auslaut nach Doppelkonsonanz ist in der Regel erhalten; eine Ausnahme bilden puent$_{290}$ (pucent$_{150}$) dont$_{353}$ art$_{2676}$ (hart$_{1204}$) fuent$_{2700}$ end$_{557}$ dent$_{585}$: bei einigen Wörtern herrscht grosses Schwanken: noch$_{12\ 72}$ und noche$_{23}$ fuert$_{1330,\ 2691}$ und fuerte$_1$, grand$_{22}$ (grant$_{13}$) und grande$_{29}$.

Auch hier ist im nsp. das e wieder überall eingetreten.

Nach geminierter Konsonanz fällt das e und die Konsonanz wird vereinfacht: el, aquel, val$_{974}$; ebenso finden wir im conj. impf. neben den vollen Formen auf -sse (fuesse$_{61}$) Formen auf -s: quebrantas$_{34}$ pudies$_{309}$ curias$_{329}$ nsp. haben wir immer die Formen auf -se u. s. f.

Lat. mille zeigt im P. C. die Form mill$_{225,\ 732}$, nsp. mil: dieselbe Aussprache wohl auch im P. C. und nur halbgelehrte Schreibung.

Nachtoniges e vor auslautendem r wechselt mit diesem den Platz in siempre$_{108}$ sobre$_{435}$ entre$_{547}$; bei den beiden letzten praepos. wird das e vor betontem anlautenden e bisweilen unterdrückt: sobr'ella$_{183}$ entr'ellos$_{595,\ 603}$.

e zwischen Haupt- und Nebenton ist im allgemeinen gefallen, so im fut. und cond. einer Reihe von Verben: sabrá$_{981}$ combré$_{1021}$ pareçra$_{1126}$ valdrá$_{1446}$ podré$_{1640}$ pondrán$_{1666}$ creçrá$_{1905}$ creçrémos$_{688,\,1883,\,2198}$ rremandrán$_{2323}$ uencremos$_{2330}$ rrendré$_{2582}$ iazredes$_{2635}$: treffen dabei l und r oder n und r zusammen, so wird außerdem zwischen beiden ein d eingeschoben (ualdrá pondrán rremandrán), zwischen m und r wird ein b eingeschoben (combré). Auch das rätselhafte enadran$_{1112}$ dürfte zu diesen Formen zu zählen sein.

Daneben finden sich auch die Formen, die meist im nsp. durchgedrungen sind: perderás$_{632}$ u. s. w.

e zwischen Haupt- und Nebenton blieb in enemigos . In heredades$_{115}$ blieb tonloses e nach dem Nebenton, wogegen tonloses i vor dem Haupttton fiel, *hereditates, außerdem fiel auch noch das e in der Form herdades$_{1364}$.

Anmerkung. e zwischen Haupt- und Nebenton bleibt immer erhalten in den Formen der Iuchoativa auf -ecer: rremaneçió$_{1414}$ u. ä.

IV. Lateinisches i (klass. lat. ī).

Betontes i in offener wie in geschlossener Silbe bleibt erhalten: 1) amigo$_{76}$ figo$_{77}$ judios$_{347}$; im An- und Inlaut wird statt i häufig y geschrieben: yr$_{388}$ parayso$_{350}$; ibi tritt auf als y und als i, doch ist die letztere Form ganz selten, amydos$_{95}$ (invitus) neben amidos$_{64}$, yra$_{74}$.

Suffixe: inus sobrino$_{741}$, -ilis gentil$_{829}$, -ivus vazias$_4$.

2) fijas$_{372}$ dicho$_{70}$ çinco$_{187}$ mill$_{225}$ quinze$_{291}$ firme$_{657}$.

Nebentoniges i wurde zu e geschwächt in enemigos$_{9}$, ein a trat an seine Stelle in maravilla$_{2346}$ maravillosa$_{427}$.

Auch vortoniges i wird meist zu e: España$_{453}$ meçió$_{13}$ (wohl miscere) derecha$_{482}$ dezir$_{30}$ treynta$_{872}$ Esidro$_{1342}$ = Isidorus (?) uertudes$_{48}$, daneben die merkwürdige Form virtos$_{657}$ u. s. cf. Cornu Rom. X. pag. 81; anlautend trat an seine Stelle ein a in amydos$_{64\,95}$; i erhalten in dem gelehrten miraclos$_{344}$.

Nachtoniges i blieb erhalten in nadi$_{25}$ nsp. nadie; auch in linpia$_{2700}$ blieb es, während das nsp. lindo, a, ebs. port.

auf eine Form weisen, in welcher das i fiel; ganz geschwunden ist i in o$_{103}$ ubi, diezmo$_{1795}$ „Zehnten" (neben dieser Form findet sich im P. C. noch eine zweite dezeno$_{1210}$).

Zwischen Haupt- und Nebenton fiel das i in manfestados$_{3224}$, für welche Form ich jedoch mit D. Hinard lieber mannestados lesen möchte, und in vergel$_{2700}$

i blieb erhalten durch den Fall der Konsonanz, die es von dem nebentonigen Vokal trennte, als y in ayrado$_{90}$, und in cuydados$_6$; im letzteren Fall erlitt außerdem der nebentonige Vokal o durch Einwirkung des i Umlaut zu u; das i wurde als e erhalten in menester$_{135}$, da im anderen Fall zu große Konsonantenhäufung eingetreten wäre.

i fiel nach Vereinfachung der Konsonantengruppe in asmaron$_{521}$; ebenso fiel i in den Formen morremos$_{2795}$ und ferredes$_{1131}$ der i-Verba morir und ferir und endlich in den Formen consintráu$_{668}$ repintrá$_{1079}$ und conssigrá$_{1465}$ der i-Verba consentir, repentir und consseguir, nachdem, vielleicht durch seinen Einfluß, das vorausgehende e zu i geworden war.

V. Lateinisches ǫ (klass. lat. ŏ).

Betontes ǫ in offener wie in geschlossener Silbe diphthongiert zu ue, so auch im P. C.: 1) luego$_{54}$ bueno$_{58}$ cuer$_{226}$ duelo$_{381}$ *dolum; 2) fuerte$_1$ puent$_{290}$; dominus, vor Personennamen, wird wegen seiner geringen Betontheit nicht diphthongiert und lautet wie im usp. Don, das fem. dazu ist doña z. B. doña Ximena$_{239}$, die betonten alleinstehenden Formen sind lautlich vollkommen regulär entwickelt dueños$_{615}$ und dueñas$_{263}$; die Schreibung duenos$_{730}$ duenas$_{385}$ beruht wohl auf einem Versehen des Kopisten. (duenas kommt immerhin 15 mal vor.)

ǫ in betonter geschl. Silbe bleibt auffälliger Weise in oios$_1$ u. s.

cŏmitem tritt in zwei Formen auf: in der Mehrzahl der Fälle (ich zähle deren 23) bleibt das o erhalten; die Form cuende fand ich nur dreimal (vv. 1980, 2072, 2964). Berceo

S. Mill. zeigt die Formen: cuen 426a cuende 427b und cuend 461a, die nsp. Form ist conde.

o̜+i-Element haben wir in hodie und podium: ersteres entwickelt sich zu oy, und podium ergiebt durch Entwickelung von dj zu y (= konsonant. i) poyo$_{863}$; daneben haben wir eine Ableitung puian$_{2698}$ = podiant, in welcher das i den Umlaut des o zu u bewirkte. nsp. poyo und pujan.

cuerdamientre$_{3105}$ führt Diez E. W. II b s. v. cuerdo auf eine Verkürzung von cordatus-cordo zurück; D. Hinard verweist auf prov. curadamens, mit dem es jedoch schwerlich zusammenhängen dürfte.

VI. Lateinisches o̜ (klass. lat. ō, ŭ).

Betontes o̜ in offener Silbe bleibt in der Regel erhalten: todo$_{68}$ dolor$_{18}$ uos$_{44}$.

quomodo findet sich meist mit doppeltem m: commo, daneben die Form cuemo mit einfachem m und merkwürdiger Weise diphthongiert (im ganzen achtmal), und endlich die Form cuemmo$_{2688}$ (einmal).

cum findet sich in dieser Schreibung dreimal 1753, 2930, 3518 (die letztere Stelle scheint mir verderbt zu sein) und zwar immer in der Bedeutung como. Vielleicht ist anzunehmen, daß dem Schreiber das lat. cum bekannt war und er es in allen diesen Fällen an verkehrten Stellen angewandt hätte.

Suffixe: osum: caboso$_{226}$ alevoso$_{3383}$ (unbekannter Stamm + osum): -orem: campeador$_{81}$ lidiador$_{502}$.

u̜: o$_{103}$ (ubi) somos$_{14}$ to$_{469}$ tuum, su$_{978}$ suum.

cueva$_{544}$: Nach E. W. I. s. v. covare von cubare = „Lagern des Wildes", wir müssen also eine Nebenform *cŏbare ansetzen...

verguenças$_{1596, 3126}$: Diez R. Gr. 5, I, 358 nimmt Attraktion des i in die Tonsilbe und weiterhin Wandel zu e an: alsdann müßte das i auch noch Umlaut des o zu u bewirkt haben, es müßte Wandel des Accents von dem u auf das e angenommen und endlich die Erklärung des ę aus dem d vorgenommen werden.

Betontes ǫ blieb in geschlossener Silbe ebenfalls erhalten: noche₂₃ omne₁₅₁ ombro₁₃ torre₃₉₈ angosto₆₃₅.

Ein u statt zu erwartendem ǫ zeigt mundo₃₆₁ nsp. mundo; ebenso zeigen u statt ǫ die Wendungen con musco₃₅₈ con uusco₇₅, daneben aber ganz richtig con vos₁₄₃. Jedenfalls ist die Thatsache auffällig, daß in allen fünf Wendungen con migo, contigo, consigo (s. oben p. 10) connusco und convusco den Tonvokal um eine Lautstufe erhöht wurde (ę-i, ǫ-u).

u erlangte durch Accentverschiebung den Ton und entwickelte sich dann allmählich zu ǫ in Diós₂₀.

Nebentoniges o bleibt in der Regel erhalten; nicht viele Beispiele: voluntad, neben dieser am meisten vorkommenden Form auch veluntad₂₂₆ ₃₃₈ ₃₀₅₂; das praefix sub tritt gewöhnlich als so auf: sospiró₆ (nsp. halb gelehrt susp.).

Das ǫ in cōperio tritt stets als u auf: cuberturas₁₅₈₅ cubiertas₈₇.

Nebentoniges o auch erhalten in coronado₁₂₆₈, dafür zweimal coranado₁₅₀₁, ₁₉₉₃; hier haben wir es wohl mit einem Versehen des Schreibers, hervorgerufen durch das gleich darauffolgende betonte a, zu thun.

Vortoniges o ist gewöhnlich erhalten: conpaña₁₆ logar₆₀₅ (nsp. lugar) iogados₃₂₄₉ neben inego₃₂₅₈, aber daneben ingará₃₃₁₉ soltura₁₆₈₉ neben sultura₁₇₀₃.

Zu e wurde es durch Dissimilation in fermoso₄₅₇, nsp. hermoso, und rredondo₅₅₄.

u trat an die Stelle von o in cunados₂₅₁₇, vielleicht ein Versehen statt cuñados.

Nachtoniges o ist ebenfalls meist erhalten: oios₁ uços₈ quando₅₉, ebenso in der Konjugation; zu e geschwächt wurde es in alguandre aus aliquando mit unorganischer Einschiebung von r.

Eine gelehrte Bildung ist apostol₁₁₃₈, wie schon die Erhaltung des p beweist.

VII. Lateinisches u (klass. lat. ū).

Betontes u in offener Silbe bleibt erhalten: uno, nertudes$_{48}$, ventura$_{177}$, çintura$_{751}$.

Betontes u in geschlossener Silbe bleibt ebenso: punto$_{294}$, fuste$_{1586}$.

Betontes u+I-Element giebt ué in Duero$_{401}$ Dūrium.

Nebentoniges u tritt meist als o auf: cobrar$_{303}$ rreconbrar$_{1143}$.

In quiñoneros$_{511}$ scheint das dem n folgende i ein i auch vor dem n entwickelt zu haben, das nachher den Ton bekam: cuneum+onem+arium.

Vortoniges u ist meist erhalten: mudados$_5$, mugeres$_{16}$, untar$_{354}$; zu o wurde es in rroydo$_{696}$ und fondon$_{1003}$.

Nachtoniges u wurde in der Regel zu o: Hierher gehören zunächst die zahlreichen Fälle der Endung -um der 2. decl. acc. sg.

Einige Bemerkungen sind hierzu zu machen: An Stelle des auslautenden o finden wir e in aqueste$_{121}$ u. s.

Ferner zeigen einige adj. ordinalia und pron. indef. Abweichungen dadurch, daß sie in bestimmten Fällen den Flexionsvokal oder auch die ganze Endung verlieren:

1) bueno verliert im sg. masc. direkt vor dem subst. stehend immer sein o: buen vassalo$_{20}$ buen señor$_{20}$; steht es nicht direkt vor dem subst., so tritt stets die volle Form ein: al bueno de myo Çid$_{655}$ bueno es el gozo$_{600}$ sodes muy bueno$_{690}$ Garçia el bueno$_{740}$:

2) Santo verliert vor vokalisch anlautendem Namen sein o: Sant Esteban$_{397}$ Santiyague$_{731}$ (nach Baists Collation, Vollmöller schreibt Sant Yague) Sant Esidro$_{1342}$; vor konsonantisch anlautendem Namen fällt auch noch das t: San Pero$_{209}$ San Sabastian$_{311}$; das nsp. unterscheidet sich in der Behandlung des Santo insofern von P. C., als es die Form Sant überhaupt nicht besitzt, sondern vor den mit To oder Do anfangenden Heiligennamen die volle Form Santo anwendet (Santo Tomas, Santo Domingo), vor allen anderen aber die verkürzte Form San.

3) primero und terçero treten außer in dieser Form auch in der Form primer und terçer auf, und zwar haben die verkürzten Formen immer adjekt. Bedeutung, während die vollen Formen rein adverbiell gebraucht sind: a tod el primer colpe$_{184}$, primero prendiendo$_{140}$ primero fablo Minaya$_{671}$ a (statt al) terçer dia$_{523}$ al terçer dia$_{935}$ el terçero el mar$_{331}$

Zu primero vgl. noch vv. 2095, 3720, zu terçer v. 1533.

4) alguno elidiert vor Konsonant das o: algun dia$_{251}$ u. s., vor Vokal finden wir es mit t im Auslaut in algunt año$_{1754}$

5) todo verliert vor vokalisch anlautendem Wort meist sein o: tod el primer colpe$_{184}$ tod el mundo$_{361,\ 2684}$ tod esto$_{2141}$ u. s. w.: in einem Fall ist nicht das auslautende o, sondern das anlautende e unterdrückt worden: todol dia$_{650}$

Es sei erlaubt hier gleich eine Bemerkung über das fem. toda anzuschließen: toda, vor vokalisch anlautendem Wort, folgt zuweilen dem masc., bisweilen bleibt es unverändert: tod esta cort$_{2090,\ 3427}$: dagegen toda esta cort$_{3432}$.

6) mucho hat in einem Fall das auslautende o verloren: much estraña$_{587}$ (so steht nach Baist's Coll. in der hs., nicht wie Vollmöller schreibt estrana), wir würden hier eher muy erwartet haben.

7) Vollkommen geschwunden ist das nachtonige o (u) in menester$_{135}$ solaz$_{228}$ apres$_{1225,\ 1559}$ prez$_{1748}$ palafres$_{1428}$ vergel$_{2700}$: sämtliche Worte, menester ausgenommen, scheinen aus dem Norden importiert zu sein.

8) centum finden wir einmal in der Form çient$_{1336}$ (cavalleros) sonst immer çiento; die nsp. Form cien findet sich im P. C. nicht, obgleich wir vv. 1465, 1483 Fälle haben, in denen çiento ohne sonstige Zahl direkt vor dem subst. steht.

Nachtoniges u in vorletzter Silbe fällt in der Regel: palabra$_{26}$ puebla$_{557}$ 3. sg. ps. uña$_{375}$; die Suffixe -aculum, -iculum, -uculum ergeben -aio, -eio, oio: presentaia$_{516}$ corneia$_{11}$ yñoios$_{53}$.

Für aguiiar$_{10}$ müssen wir wegen des i statt des regulären acuculare wohl einen Typus *acukilare-*acuiclare ansetzen.

Diphthonge.

I. Lateinisches au.

Betontes au entwickelt sich zu o; nur Beispiele für au in offener Silbe: osan$_{30}$ (3. pl. ps.) oro$_{81}$ moros$_{145}$, auch der Eigenname Foz$_{551}$ gehört wohl hierhin (faucem).
Vortoniges au ebenfalls zu o: osava$_{21}$ posada$_{25}$.
au zwischen Haupt- und Nebenton ergiebt ebenfalls o: aosadas$_{445}$; alaudare$_{335}$ ist wohl gelehrt.

II. Lateinisches ae.

Wird betont und unbetont wie ę behandelt und demgemäß im ersteren Fall zu ie diphthongiert: quiero$_{85}$ çielo$_{217}$ çiego$_{352}$.
Nebentonig kommt es kaum vor, außer in asmaron$_{521}$.
Vortonig wird es zu e: querer$_{76}$ pregones$_{287}$.

III. Lateinisches oe.

Wird behandelt wie lat. ę und demgemäß als ę überliefert: kommt nur vor in çena$_{1531}$; vortonig çenado$_{401}$.

— —

Hiatus.

Es liegen eine Anzahl Fälle mit ursprünglichem Hiat vor: zum Teil ist derselbe, abgesehen von kleineren Differenzierungen des einen oder andern der beiden Vokale geblieben, zum Teil ist er beseitigt worden.

1. Geblieben ist der Hiat in parias$_{109}$ (gel.) criador$_{48}$ (einmal dafür criaador$_{2196}$) Dios, dia$_{523}$ piedad$_{604}$ leon$_{2282}$; monesterio$_{252, 1353}$ und eglesia$_{367}$ (scheint auch vollkommen gelehrt). Abgesehen von den beiden gel. Wörtern steht der Hiat immer nach dem das Wort beginnenden Konsonanten.

II. Der Hiat wurde getilgt: a) Wenn der erste Vokal ein I-Element in sich barg

1) nach l. n, v, b. d. t durch Verbindung des I-Elements mit diesen Konsonanten; die Art der Verbindung s. unter den einzelnen Konsonanten. Ausnahmen bilden lidiando$_{499}$ medio$_{182}$, auch quinientos$_{1422}$, ferner die Endungen ium. ionem. und z. T. auch ia nach t. wo wir es wohl mit halb gel. Bildungen zu thun haben: ençerviçio$_{69}$ oraçion$_{366}$.

2) nach betontem a in der voraufgehenden Silbe durch Attraktion in dieselbe: Suff.: -arium -ero, habui -*haubi -hobe u. ä.

b) Häufig wird der Hiat, besonders wenn ein unbetontes u im Spiel ist, getilgt durch Unterdrückung des tonlosen Vokals: mi$_{83}$ tu$_{334}$ su$_{16}$ (to$_{409}$ so$_{69}$) dos$_{85}$ treven$_{567}$ (sibi *tribuēre) rribera$_{634}$ batalla$_{662}$; spirital$_{243}$ u. s. sieht gel. aus.

d) durch Einschub eines Konsonanten: suyo$_{66}$ trayo$_{62}$ (daneben aber traen$_{263}$).

e) durch den Fall der ganzen Lautgruppe: menester$_{135}$ vergel$_{2700}$.

Eine ganz besondere Art der Hiatustilgung zeigt viuda, in welchem Wort das u konsonantisch wurde bibda$_{2323}$

Sekundärer Hiatus wird verhältnismäßig selten beseitigt. am ersten noch wenn zwei gleiche Vokale zusammenstoßen: ver$_{16}$ comer$_{421}$ ser$_{3114}$; in den impf. Formen des Verbs ser ist der Hiatus teils erhalten seye$_{2278}$, teils ist er mit Hilfe des ursprünglichen d getilgt sedie$_{1053}$.

Geblieben ist der Hiat in creenderos$_{1013}$ *credentarius oder besser credendarius, und descreydas$_{1631}$ *de-ex-credītas.

Wie der Hiat im impf. von ser bisweilen durch Wiedereintritt des gefallenen d getilgt wird, so auch in einzelnen Formen anderer Verba. Neben oyr$_{3529}$ finden wir odredes$_{70}$ u. s.; neben cae$_{2399}$ und caye$_{2415}$ (mit eingeschobenem y) cadrán$_{3622}$

Bisweilen wurde an Stelle eines gefallenen Konsonanten ein anderer eingeschoben, so haben wir neben der regelmäßigen Form juiçio dreimal die Form inuvizio$_{3226\ 3239\ 3259}$; conloyo$_{3558}$ = collaudare (?).

Ob in traçion₂₆₆₀ neben traydor₂₅₂₅ ein Versehen des Schreibers vorliegt, oder ob bei der tonlosen Silbe wirklich der Hiat geschwunden ist, läßt sich bei dem nur einmaligen Vorkommen der beiden Wörter im P. C. nicht bestimmen.

Sonst ist sekundärer Hiat gewöhnlich erhalten vazias₁ vianda₆₃ peones₅₁₄ u. s. w.

B. Konsonantismus.

I. Die Liquiden.

Lateinisches l.

Einfaches l ist im An-, In- und Auslaut in der Regel erhalten luego₅₄ lavores₄₆₀ malos₉ çielo₂₁₇ palo₄₀₁ sol₂₃₁ leal₃₉₆ (die Schreibung desleatanza₁₀₈₁ statt deslealtanza ist wohl auf ein Versehen des Schreibers zurückzuführen) u. s. f.

Nsp. llevar finden wir, wie im P. C. immer anlautend l statt ll steht, immer nur mit einem l geschrieben; Delius' Erklärung des nsp. llevar Jahrb. I. 359: „Aus den stammbetonten und diphthongierten Formen des praes. von lĕvem +are habe sich allmählich das anlautende l entwickelt", wird gestützt durch die Formen lievo₉₇₈ lieva₅₈₂ liever₉₃.

Durch d vertreten wurde anlautendes l in dem bekannten dexar déxo₇₇ laxare.

Anlautendes l des art. nach de, a, e und der pron. lo, los, las nach vokalisch auslautenden Worten finden wir einigemale ohne äußeren Grund verdoppelt, ohne daß Monillierung anzunehmen wäre, denn wir finden dieselben Formen auch mit einfachem l: della$_{1965, 2079, 3139}$ alla$_{3103}$ allas$_{2822, 3272}$ ellos$_{2926, 3613}$ (et + illos) neben den gewöhnlichen Formen de la, a la, a las, e los; fellos$_{485}$ afellos$_{2101}$ afellas$_{2048}$ neben felos$_{1452, 2647, 3534}$ afelos$_{2175}$, ello$_{1898}$ = hé lo. Ähnlich sediellos sperando$_{2239}$ neben sedielos castigando$_{3553}$.

Auch im Inlaut zeigt sich einige Male, jedoch ziemlich selten, ll statt und immer neben einfachem l: talles$_{1822}$ sonst immer tales, çiello$_{1942}$ sonst çielo$_{216}$ tellas$_{2785}$ sonst telas$_{2578}$ nalla$_{2277}$ sonst uala$_{874, 880}$; Tolledo$_{2963}$ sonst Toledo$_{3597}$, Vallençia$_{1985}$ sonst Valençia$_{1192}$.

Nur einen Fall finden wir im P. C., wo inlautendes l zu ll geworden ist, falls D.'s Etymologie richtig ist: callar$_{2558, 3409}$ calló$_{2953}$, callaron$_{3401}$ calle$_{3390}$, daneben aber cala!$_{3362, 3383}$ nach E. W. I. s. v. calare vom gr. χαλᾶν.

Über camelos$_{2490}$, das wir für das nsp. dem ebengenannten eventuell anschließen könnten, s. weiter oben sub e.

Treffen die dat. der pron. conj. 3. sg. le, les mit den acc. lo, la, los, las zusammen, so verwandelt sich das anlautende l des dat. in ge, (beim dat. plur. fällt also außerdem das dem zweiten l vorausgehende s.) z. B. lela wird gela$_{26}$ u. ä., nsp. wiedergegeben durch sela u. s. w.

Diez. Rom Gr. 5 II. 92 nimmt für die Vertauschung von le, les mit se nur euphonischen Grund an. Delius Jahrb. IX, 99 widerspricht dem: „Auf einer Verwechslung, wie beim it. ci und vi und nicht blos auf euphonischer Rücksicht mag es beruhen, wenn man im span. selo für lelo sagt. Die asp. Dativform lautete in solcher Kombination ge oder je, entsprechend dem port. lhe, wie asp. jama für llama steht. Dieser gutturale Hauchlaut muß aber im asp. eine lispelnde, dem ss verwandte Aussprache gehabt haben, wie die schwankenden Schreibungen dixo neben disso in altspanischen Texten darthun. So klang gelo oder jelo beinahe ganz wie selo und konnte füglich damit verwechselt werden, sodaß man denn auch selos für geslos oder leslos sagte, um so eher als vor dem l das s hier ebenso leicht elidiert werden konnte, als im port. nolo für noslo" u. s. w.

Zu bemerken ist, daß selo und solo, selos etc. nie durcheinander geworfen werden, sondern daß, wenn das erste pron. ein reflexives ist, es immer unverändert bleibt, während in dem zweiten Fall immer ge an die erste Stelle tritt.

Im Inlaut finden wir 1 eingeschoben in flablar$_{104}$ flablemos$_{1941}$ neben gewöhnlichem fabl... (nsp. hablar).

Umstellung erlitt 1 in olbidado$_{155, 1063}$ oblitus + are (Bc. hat häufig die Form oblidado (s. Dom. 212d u. s.) und bloca$_{3679}$ buccula (daneben durch ein Versehen des Schreibers einmal boca$_{3631}$, wohl nicht wie D. Hinard im Gegensatz zu Sanchez will boça pv. bossa); die ursprüngliche Gestalt hat das Wort in der Ableitung boclados$_{1970}$, daneben blocados$_{3584}$.

Wechselseitige Vertauschung von 1 und r findet sich in palabra$_{26}$.

Durch n vertreten ist 1 in alcançar$_{390}$ u. s. nach E. W. II b s. v. incalce = in + *calciare unter Vertauschung des praef. in mit dem arab. al. (Dozy-Engelmann kennt jedenfalls kein arab. Etymon.); das subst. alcanz$_{772}$ u. s. tritt einige Mal auf in der Form alcaz$_{2403\ 2409}$, vielleicht ist hier im Laufe der Zeit das Abkürzungszeichen für n geschwunden; einmal finden wir die Nebenform alcanço$_{2533}$: zweimal die Nbf. alcança$_{998\ 2399}$.

Ob 1 zu r im Auslaut wurde in logar$_{128}$ nsp. lugar läßt sich nicht behaupten, vielleicht existierten im asp. die beiden Formen locarem und localem: z. B. finden wir Alej. 53b logal. ibd. 62a logar, ibd. lugal 1554d, Bc. S. Dom., logar 51a 52c.

l im Auslaut vor anlautendem l wurde unterdrückt, oder vielmehr statt Doppel-l wurde einfaches l geschrieben in males$_{572\ 1165}$ = mal les, pora leon$_{2297}$ (beide Male einfaches l wohl nur in der Schrift.

ll ist im Allgemeinen erhalten. wohl als l, doch finden wir in der Schreibung häufiges Schwanken zwischen ll und l: gallo$_{169}$ cavallo$_{215}$ u. s. (cavalos$_{1842}$) castiello$_{98}$ (castielo$_{466}$) siellas$_{817}$ (sielas$_{3583}$) Castiella$_{176}$ (Castelano$_{748\ 1067}$): afflare - fallar finden wir in der Schreibung fallar$_{424}$ falar$_{1427\ 1468}$ faló$_{32}$: cuello$_{2300\ 1509}$ (cuelo$_{3339}$); fallere findet sich in der Regel als falir$_{2224}$ falido$_{581}$; aber das subst. immer falla$_{443}$, ebenso falleçiere$_{258}$, aquelos$_{436}$ und aquelas$_{116}$ (aquellas$_{256}$ einmal), alli$_{10}$ (ali sehr selten) ella (ela$_{1241}$ einmal).

Einfaches l statt ll finden wir in velida *villīta statt villosa = zottig$_{274\ 930\ 2192}$: anderen Ursprungs zu sein scheint velido, os$_{1368,\ 1612}$, nach E. W. II c s. v. bellezour = *bellum + itum, demnach auch hier l statt ll: pelliçones$_{2720}$ (peliçones$_{1065,\ 3075}$) destellando$_{781}$ destelando$_{501}$, destellado$_{762}$), toller$_{3520}$ toler$_{999}$, tollió$_{3492}$ und tolió$_{1173}$ nsp. toler. Einmal belegt sind die Wörter capielo$_{3192}$ (nsp. nicht mehr gebraucht) estrelas$_{332}$ (nsp. estrellas) sobrepeliças$_{1582}$ (nsp. sobrepelliz) und bulidor$_{2172}$ statt bullidor von bulla.

ll in den Auslaut tretend wird vereinfacht: el$_{58}$ nal$_{974}$ piel$_{178}$ (im pl. Schwanken zwischen pieles$_{2472,\ 2749}$ und pielles$_{4}$ (nsp. piel - pieles); Ausnahme mill$_{225\ 521.\ 732}$; nullum nsp. nulo tritt im P. C. immer auf in der Form nullo$_{865}$, ulla$_{898}$ (nach vorhergehendem sin) hat wohl denselben Wert. (cf. R. Zs. VI. p. 170.)

Verbindungen anderer Konsonanten mit l.

lr: Stoßen diese beiden zusammen, so wird wie im nsp. ein d dazwischen geschoben: valdrá$_{296}$ saldredes$_{1026}$ u. a.

pl, bl, fl, tl, cl, gl.

Von den im Anlaut vorkommenden Gruppen ist bl und gl immer erhalten: blanca$_{183}$ glera$_{56}$ gloriosa$_{218}$ (vielleicht ein Wort der Kirche).

pl und cl sind meist wiedergegeben durch l, das wohl damals schon den Wert von ĺ hatte: lorando$_{1}$ legó$_{32}$ u. a. Daneben finden wir jedoch auch plorando$_{18}$; (über laña$_{899}$ leña$_{113\ 820}$ cf. unter n); erhalten ist pl immer in com - plide$_{65}$ plata$_{81}$ pleyto$_{160}$ plazo$_{212}$ plaça$_{595}$ em - plear$_{1006}$ und in sämtlichen Formen von plazer ohne Ausnahme.

cl: laman$_{35}$ lamauan$_{242}$, daneben aber clamor$_{286}$.

Immer erhalten ist cl in clavos$_{68}$ en-claveadas$_{87}$ en-clinó$_{274}$ und claro$_{2062}$, so auch noch im nsp.

Inlaut: bl erleidet Umstellung zu lb in olbidado$_{185}$; geblieben ist bl in fable$_7$. pl wurde zu bl erweicht: doblar$_{80}$ puebla$_{557}$ (pŏpulat); erhalten ist pl in coplas$_{2276}$. allem Anschein nach Fremdwort.

Die Form yncamos$_{66}$ wird gewöhnlich auf implere zurückgeführt, sonst ist sie im P. C. nicht belegt; die Gruppe mpl ist wenig häufig; wir haben nur amplus = ancho und außerdem eben unser Wort implere = henchir; da nun guttur. c. vor dem a sich absolut nicht erklären läßt, so glaube ich, daß der Schreiber sich versehen hat und das Wort richtig ynchamos geschrieben sein sollte.

tl finde ich nur in dem Wort toveldo$_{3322}$, wo es zu dl und dann durch Umstellung zu ld geworden ist aus tove te lo.

dl: findet sich häufig dadurch, daß an den imper. plur. die pron. le lo la los las angehängt werden; es findet in diesem Fall oft Umstellung zu ld statt: prestalde$_{118}$ besalde$_{1276}$ daldo$_{823}$ contalda$_{181}$ levaldas$_{167}$ daldas$_{2136}$.

Cornu Rom. X. p. 84. nimmt aus dem Grund, daß sich die Umstellung sehr häufig findet, Veranlassung firid los cavalleros$_{597\ 720\ 1139}$, so abzutrennen: firid, los cavalleros — „schlagt drein, ihr Ritter!" nicht „haut sie, Ritter!" — denn nach seiner Meinung müßte in dem letzteren Fall stehen „ferildos, cavalleros," gemäß dem Gebrauch im .P. C. — Ich bezweifle sehr, daß seine Meinung richtig ist, denn wir haben doch im P. C. verschiedene Beispiele, daß das acc. pron. sich nicht so eng mit dem imper. plur. verbunden hat, z. B.: dad las$_{2089}$ meted las$_{11}$, ponedlas$_{167}$ prendet las$_{255}$ (t statt d) prendet la$_{8190}$ (t statt d).

In auellas$_{887}$ und prendallas$_{2136}$ scheint sich das d dem l assimiliert zu haben aus avedlas und prended las, über auello$_{496}$ läßt sich nichts genaueres sagen, da die ganze Stelle verderbt zu sein scheint.

cl entwickelt sich zu i, nsp. j: oios$_1$ aguiiar$_{10}$ corneia$_{11}$ ynoios$_{53}$ vermeios$_{88}$ presentaia$_{873}$ u. a. (neben presentaia auch presenteia-iculum$_{1315}$).

Ob in alegreya$_{797}$ das y nur eine andere Schreibung ist statt i, oder ob wir vielleicht es mit einer sehr alten Form des nsp. alegría zu thun haben, weiß ich nicht.

In sobeianos$_{110}$ ist das dem cl unmittelbar vorausgehende r vollkommen geschwunden *superculanos.

cl bleibt unverändert, wenn ein direkt vorhergehender Konsonant erhalten bleibt, mezclar$_{699}$ *misculare carbonclas$_{766}$.

ecclesia tritt auf in den drei Formen ecclegia$_{2211}$ eclegia$_{2239}$ und eglesia$_{326, 367}$: von denen die beiden ersten sich mehr dem port igreja, die letzte dem sp. iglesia nähert. Über bocla etc. cf. p. 23.

cl wird zu ch in desmanchar$_{728}$ = de-ex-maculare mit unorganisch eingeschobenem n; zu gl in dem etwas gel. aussehenden sieglo$_{1295}$ nsp. siglo.

miraclos$_{344}$ durchaus gelehrt.

gl entwickelt sich zu ll in sellada$_{24}$: velar$_{3056}$ belaron$_{3544}$ (so auch nsp. velar) scheint eine unregelmäßige Bildung zu sein; gerade wie aus sigilare sellar wird, so hätte man auch aus vigilare *vellar erwarten sollen. Auch das subst. vigilia$_{3049}$ hat gel. Aussehen, vielleicht ein terminus der Kirche?

ng + l: ergiebt ñ: señas$_{263\ 349\ 1810}$ seños$_{724}$ daneben senos$_{3566}$ mit dem Suff.-arium señeros$_{2800}$ (singulum + arium) uña$_{375}$ ungulam.

l + im Hiatus stehendes i entwickelt sich in zweifacher Weise: 1) überwiegend wird daraus i, g, nsp. j., mugeres$_{16}$ consego$_{65}$ consegar$_{1256}$; aber daneben conseiando$_{122}$ semeia(r)$_{157}$ fija$_{210}$ amoiadas$_{993}$ (ad + mollem + iare) taiador$_{780}$ meior$_{328}$ migeros$_{2407}$ (milliarium) agena$_{1326}$ u. a. 2) In einigen Fällen entwickelt sich l + i zu ḷ, meist ll, manchmal auch l geschrieben, maravillosa$_{427}$ batalla$_{662}$ omillom$_{1748}$ (humilio me) mit ll fünfmal gegenüber homilar$_{1516}$ omilom$_{1396}$. (Interessant ist omildança$_{2024}$ wegen der Entwicklung des nsp. humilde).

r.

Die beiden verschiedenen Aussprachen, die r im nsp. besitzt (cf. P. Förster, Sp. Sprachlehre p 4, 5.), finden wir der Schreibung nach zu urteilen auch schon im P. C., wenigstens wird tonloses r im Anlaut und, in Zusammensetzungen die als solche noch gefühlt werden, im Anlaut des zweiten Teils meistens durch rr ausgedrückt: rrazon$_{19}$ rrey$_{22}$ rriendas$_{10}$ rrogando$_{240}$ rrayar$_{231}$, sonrrisós$_{154}$, doch finden wir auch hier wieder einzelne Fälle schwankend: rrecabdo$_{24}$ recabdo$_{43}$ rreçiben$_{712\ 2234\ 2584\ 3111}$ neben reçiben$_{245\ 1568}$ sonrrisós$_{154}$ neben sonrisar$_{298}$; doch ist diese Schreibung weit seltener als die Schreibung rr. Inlautend und auslautend ist r in der Regel erhalten: oro$_{81}$ mar$_{331}$.

Durch l vertreten ist r im Inlaut in porpola$_{2207}$ Beltran$_{3004}$ (Dissim.) palafres$_{1428}$ (Lehnw.); im Auslaut in cárçel$_{340}$ vergel$_{2700}$.

Die Gruppe „-r-e-r-" wird kontrahiert zu rr in querrá$_{132}$ querria$_{2373\ 104}$ morremos$_{2795}$ ferredes$_{1131}$; zu rr wurde r, nach E. W. I. s. v. serrare, in çerrada$_{32}$.

Umgestellt ward r in yernos$_{210c}$ preguntar$_{1825}$ quebrar$_{235}$ corças$_{2375}$.

Einschub von r fand statt in estrelas$_{332}$ alguandre$_{352,\ 1081}$ (aliquando), in dem adv. Suff. mientre$_{1\ 24\ 43}$ u. s.; Neben ganado(s)$_{101}$ finden wir granado$_{1776}$; bei Bc. S. Mill 458c finden wir auch granadas, und zwar direkt in der Bedeutung „groß", so daß es nahe liegt, Einwirkung von grande gran anzunehmen; neben rrobredo$_{2697}$ u. s. finden wir einmal rrobredro$_{2746}$; wohl durch Einfluß des anlautenden rr nsp. robledo, robledad, und das simplex roble (lat. roburetum).

Inlautend rr erhält sich in der Regel; es ist dies der einzige geminierte Konsonant, der sich unverändert bis ins nsp. erhalten hat: tierra$_{14}$ torre$_{398}$ fierros$_{3585}$.

Ausnahmen, aber alle neben den zu erwartenden Formen vertreten, sind: coredores$_{1968\ 1988\ 2145}$ (corredores$_{1159}$ $_{1575\ 2010\ 2573}$) coral$_{3364}$ neben corral$_{244}$ nsp. corral, escura$_{2157}$ neben fünf Formen von escurrir mit rr: $_{1067,\ 2590,\ 2640,\ 2652,\ 2871}$ (cf. Rom. X. 78, R. Zs. VI. 168); deramadas$_{463}$ neben nsp. derramadas beruht vielleicht auch auf einem Versehen des Schreibers.

Gefallen ist r in tembrar$_{3619}$ tremulare, wobei das l nach Einschub von b in r umgewandelt wurde, nsp. temblar; ebenso in sobeiano$_{110}$ *superculanos.

rl: Das r hat sich dem l assimiliert in acogello$_{863}$ nedallo$_{2967}$ = acogerlo und nedarlo (daneben aber meter las$_{141}$); hierher gehört wohl auch vengalo$_{1070}$, das ich als vengallo = vengarlo auffasse.

rs: Auch hier einige Fälle, in denen das r dem s sich assimiliert hat: adobasse$_{1700}$ tornasse$_{3659}$ = adobarse, tornarse; muesso$_{1032}$ (morsus) [daneben almorzado$_{3375}$ mit Umwandlung des d zu l (wie P. Förster l. c. p. 123 annimmt durch Einfluß des arab. Artikels) und mit (selten vorkommendem) z an Stelle des s.] cosso$_{1592}$ (cursum, coso nsp. veraltet) traviesso$_{3650}$ (transversus) atravessavan$_{1544}$ *ad-trans-versare.

rc wurde zu rg in cargar$_{170}$ atorgar$_{198}$.

II. Die Nasalen.

Lateinisches m.

Anlautend meist erhalten: zu n geworden durch Assimilation in niña$_{40}$ minima. Inlautend ebenfalls in der Regel erhalten; verdoppelt ohne äußeren Grund in commo und in lammado$_{1289}$ neben sonst regelmäßig sich findendem laman$_{35}$ u. s.

Im Auslaut wird m teils zu n: tan$_1$, con$_{24}$ quien$_{874}$, teils fällt es vollständig: ya$_{41}$ (gemeinrom.), con nusco$_{368}$ (man beachte die beiden Entwicklungen von cum) nunqua$_{352}$ ca$_{321}$ (wohl lat. quam); ebenso so sum, das im P. C. immer in dieser Form auftritt, nie wie im nsp. soy mit y; ebenso auch immer vo und do.

Statt sim = si me finden wir regelmäßig sin: sin salve dios!$_{2960, 2990, 3042, 3391}$ immer von dem König beteuernd gebraucht, wenn er vorher die Absicht ausgesprochen, das und

das zu thun oder thun zu lassen, „So wahr mir Gott helfe!"
Wohl der Einfluß des folgenden s verursacht den Eintritt
des dentalen Nasal an die Stelle des labialen.

mm wird in der Regel zu m vereinfacht: somo$_{171}$ comidiós$_{507}$ asomar$_{919}$

m-n, m-l, m-r: Ursprünglich kommt nur m-n vor, das
gewöhnlich zu ñ wird: sueño$_{406\ 412}$ (sueno$_{405}$) daño$_{252}$ escaños$_{1762}$.

m-n durch Ausfall des dazwischenliegenden Vokals entstanden, zeigt zwei Entwicklungen: 1) am häufigsten ist der
Wandel zu mbr eingetreten: lumbres$_{244}$ nombre$_{348}$ und deren
Zusammensetzungen rrelumbra$_{3177}$ nonbrados$_{454}$: diesen Bildungen haben sich angeschlossen fanbre$_{1179}$ und costumbres$_{3309}$;
geblieben ist mn nur in omne$_{134\ 151,\ 305}$ u. s., vielleicht liegt nur
gelehrte Schreibung vor.

2) Weniger häufig entwickelt sich m-n wie ursprüngliches m-n zu ñ: dueños$_{615}$ dueñas$_{263}$.

m-l wird unter Einschub von b zu mbr in tembrar$_{3619}$
*tremulare rrecombrar$_{3688}$ Erhalten ist ml unter Einschub
von b als mbl in dem einzig dastehenden nimbla$_{3286}$ = nimela.

m-r wird ebenfalls zu mbr: ombros$_{13}$ miembrat!$_{3316}$,
combré$_{1021}$ = nsp. comeré.

Statt des m finden wir vor dem b und auch p häufig n
geschrieben: menbrado$_{102\ 131\ 210\ 315}$ u. s. finde ich nur in dieser
Schreibung; bei anderen Wörtern findet sich n statt m nur
selten, so z. B. canpo$_{1736}$ neben campo$_{499}$ u. s., conpaña$_{16\ 60\ 484}$
neben compañas$_{508\ 1618}$ u. s., Campeador überwiegt weitaus
gegenüber Canpeador; conpra$_{62,\ 90}$. nur die beiden Male, jedesmal mit n.

Da im ganzen die Schreibung n + Lab. und die Schreibung m + Lab. einander die Wage halten, so wage ich nicht
zu sagen, ob in allen den Fällen, in denen n statt m steht,
nur Flüchtigkeitsfehler des Schreibers zu erblicken sind, oder
ob die Schreibung n vielleicht doch eine besondere Bedeutung
hat, etwa in Bezug auf die Aussprache.

m-t finden wir als nd in cuende$_{1980}$ conde$_{957}$.

mp-t wird zu nt in cuenta$_{101}$ contado$_{142}$.

II.

An- und inlautend gewöhnlich erhalten: noche$_{23}$ enemigos$_9$.

Im Inlaut finden wir häufig statt zu erwartendem n (und in der Regel neben diesem) ñ: bueña$_{60, 1421}$ bueños$_{892}$ oñores$_{289, 1905}$ leño$_{113, 820}$ laña$_{599, 996, 1003}$ (in den beiden letzten Fällen hätte man vielmehr erwarten sollen, daß das l mouilliert wäre, was, obgleich nicht unmöglich, da anlautendes l stets durch l ausgedrückt wird, mir der Aussprache halber ziemlich unwahrscheinlich dünkt: lat. plenum, plana usp. lleno, llana; lano finden wir auch wirklich v. 3661) diñeros$_{3733}$ maño$_{2133}$ sañas$_{1402, 2823, 2866}$ (vielleicht in unbewußter Anlehnung an das subst. saña$_{22}$ sanies), obgleich daneben die richtige masc. Form sano$_{75}$ sich findet); neben ynoios (etwa zehn Mal) finden wir yñoios$_{53}$, neben peouadas$_{418}$ peoñadas$_{918}$; von ganar haben wir einige Formen mit ñ: gañó$_{124, 473}$ (daneben auch einmal gannó$_{1010}$) gañados$_{466, 480}$.

Bei sämtlichen angeführten Beispielen überwiegt die regelmäßige Form mit n.

n inlautend ist durch l vertreten in Antolinez$_{65}$ (Anton ...) adelante$_{543}$ (ad + in. ...), dies die gebräuchlichste Form im P. C.; daneben jedoch noch adellant$_{990}$ delant$_{1130}$ dellant$_{3174}$ und deland$_{641}$; durch r ist n verteten in enffurçion$_{2849}$ (functionem).

Unorganische Einschiebung und Anschiebung von n finden wir in einer Reihe von Fällen: ninguno$_{21}$ nin$_{44}$ aun$_{28}$ fincó$_{53}$ (nach Dz'. Etym. *ficcare-*figicare) ventanssen$_{151}$ (ventasse$_{433}$) sonrrisós$_{154}$ (sorrisós$_{1527}$) mensaie$_{627}$ desmanchar$_{728}$ fonssado$_{764, 926}$ sopienssen$_{1511}$ (sonst immer sopiessen$_{563}$ u. s) quanles$_{1666}$ (sonst immer quales) hedand$_{2083}$ (aetatem) ensayar$_{2376}$ easiemplos$_{2731}$ canssados$_{2745}$ (quassatos) gemeinroman. rrendré$_{2582}$; ondredes$_{3292}$ (sonst odredes$_{70}$ u. s.)

Im imper. plur. findet sich diese Einschiebung von n öfters: rrogand$_{1754}$ sabent$_{610}$ dand nos$_{273}$. Das letzte Beispiel erklärt, wie das n in den imper. kam, jedenfalls entwickelte sich durch den Einfluß des n ein zweites n vor dem d des imp. und dann fiel das ursprüngliche n, während das parasytische blieb, so daß wir nicht direkt Umstellung von d + n annehmen dürfen; nur dieses eine Beispiel zeigt uns noch beide n, in allen anderen ist das zweite n geschwunden: cortandos$_{2728}$ tenendos$_{3580}$ u. a.

Durch Analogie entwickelten weiterhin auch solche imper. ein n, die gar kein nos nach sich haben konnten, z. B. sabent$_{610}$.

Anmerkung: sabent$_{610}$ nehme ich als Nebenform zu sabet$_{572}$ und sabed$_{1278}$; sabent$_{1174}$ dadegen ist sicher 3. pl. ps. mit im Cid sehr selten vorkommendem erhaltenem lat. ausl. t.

conió$_{293}$ ist vielleicht eine Nebenform von coio$_{577}$, $_{589}$ und cogió$_{588}$.

arrancanda$_{1233}$ statt sonst vorkommenden arrancada ist wohl nur ein Versehen des Copisten.

Zu bemerken ist noch die Anschiebung von unorganischem n an -me in der Wendung non min chal$_{230}$ und poco mincal$_{2357}$.

In einigen Wörtern findet sich im P. C. kein unorganisches n eingeschoben, während sie im nsp. ein solches zeigen: yvierno$_{1619}$ nsp. invierno, maçanas$_{3178}$ nsp. manzanas.

n vor f hat sich diesem wohl assimiliert in yffantes$_{269, 1373}$, doch kann man vielleicht auch Fall des n annehmen, da dies Wort überwiegend yfantes geschrieben wird, ebenso auch yfançones$_{2072}$. Geblieben ist n vor f in ynfiernos$_{358}$.

Gemeinromanisch ist der Fall des n vor s, so auch im P. C. Burgales$_{65}$, trans in Zusammensetzungen wird immer tras, espeso$_{81}$ (doch hat diese Form des Verbs espender, despender wohl in Analogie an den inf. das n sonst gewahrt: despenssa$_{258}$ espensos$_{3219}$) mostrando$_{344}$, mesurado$_{7}$; penssar hat immer das n behalten. tigera$_{1241}$ muß nach der Etymologie von Dz. E. W. I. s. v. tesoira zurückgehen auf *tonsaria, worin n fiel, vortonig o durch i ersetzt und s zu j geworden sein muß (letzterer Vorgang ist zwar belegt, aber äußerst selten und im sp. meines Wissen nur im Anlaut nachgewiesen, im Inlaut ist j (χ) nur aus ss bekannt (cf. R. Gr. 5. I. 368).

n im Auslaut ist meistens gefallen, außer in non, doch fehlt auch hier unter bestimmten Umständen schon das n, z. B. wenn das folgende Wort mit n beginnt: no nos$_{668.\ 673}$ ebenso in der Inclination: nol$_{25.\ 30}$ = non le, nos$_{755}$ = non se, auch sonst findet man manchmal no$_{421}$, betont lautet es no$_{2028}$.

Aus diesen Beispielen, zu denen man noch eine Menge hinzufügen könnte, läßt sich abnehmen, daß schon damals die volle Form nur noch in der Schrift existierte; nsp. no.

nn wird regelmäßig zu ñ: años$_{40}$.

Zu n ist nn geworden in sosanava$_{1020}$. nach E. W. II b s. v. = subsannare, Diez führt l. c. auch eine Form sosaño aus dem Canc. de Baena an.

pendones$_{16}$ soll nach Diez E. W. I s. v. pennone von penna + onem kommen, indem nn zu n vereinfacht und d eingeschoben worden wäre; er beruft sich dabei auf péndola aus pennula, ich glaube trotzdem, daß wir das Wort besser aus pendere + onem ableiten.

n-m: Das m wurde dem n assimiliert in niña$_{40}$, andrerseits wurde das n durch l vertreten in almas$_{28}$.

n-r erleidet meist Einschiebung von d: ondrado$_{178}$ (die nsp. Formen honra etc. sind gel.) besonders im fut., tandra$_{318}$ v. tañer-tangere. rremandrán$_{2323}$ abendremos$_{3166}$: 1. sg. pf. engendré$_{2086}$; mitunter tritt auch Umstellung zu rn ein: yernos$_{2106}$ terné$_{450}$ verná$_{532}$ vernie$_{1944}$.

nd, nt sind gewöhnlich erhalten grandes$_6$ (tritt nd durch Fall des Endvokals in den Auslaut, so verwandelt sich das d zuweilen in t: grande$_{29}$ grant$_{43}$, daneben aber grand$_{22}$; die Aussprache war wohl immer t.); gentil$_{672}$, statt auslautendem nt finden wir einmal nd: presend$_{1649}$.

In der Regel fiel das auslautende d in don$_{938}$ (de unde), einmal finden wir dafür dod$_{3619}$, das wohl dōd geschrieben sein sollte.

de inde schwankt zwischen den$_{984}$ und dent$_{583}$.

nt in der 3. plur. aller Zeiten: Das t fällt durchgängig: geblieben ist es im P. C. nur in drei Fällen, und zwar als t in puedent$_{555}$ sabent$_{1174}$ und als d in prendend$_{656}$

ng ist meist erhalten vor dunklen Vokalen: angosta$_{635}$ luenga$_{1226}$ lengua$_{3326}$: zu ñ ist es geworden in tañen$_{286}$ (3 pl. ps.). n hat es ergeben in cinen$_{917}$ (cingere 3. pl.), vielleicht ist auch der tilde im Lauf der Zeit verwischt, oder schon vom Schreiber vergessen worden. angel$_{406}$ scheint ein gel., vielleicht Kirchenwort zu sein.

n + J-Element ergiebt regelmäßig ñ: señor$_8$ conpaña$_{16}$ saña$_{22}$ (nach Cornu Rom. X. p. 81. aus dem zur 1. Decl. übergetretenen sanies, mañana$_{316}$ estraña$_{587}$ $_{1125}$).

Bei dem aus nj entstandenen ñ schwanken die Formen häufig zwischen ñ und n: Neben señor$_8$ senorio$_{621}$ neben conpaña$_{16}$ companas$_{1618}$ neben mañana$_{316}$ manana$_{1687}$ neben moutaña$_{61}$ montana$_{427}$ $_{1491}$, neben estraña$_{587}$ (sic! nicht estrana) estrana$_{176}$ $_{1261}$.

adelinar findet sich meist mit n: adelinan (dreimal), adelinó (zehnmal), adelinava (zweimal), daneben adeliñava$_{467}$ (entspräche einem Et. ad de lineare (?)

Zu erwähnen ist noch die auffällige Form adelinechos$_{2881}$ (Pora Valençia adelinechos van).

III. Die Labiales.

p.

p anlautend blieb erhalten: puestos$_{17}$: auch in comp. blieb dies Wort in der Regel unversehrt, apuesto$_{1317, 1320}$, nur einmal wurde das p als inlautend behandelt: abuestas$_{716}$ (jedoch ist mir der Sinn des betr. Verses nicht recht klar).

p inlautend zwischen Vokalen wird gewöhnlich zu b: cabeça$_2$: auffallender Weise erhalten blieb das p in capielo$_{3492}$ nsp. regelrecht cabello und in capiella$_{1580}$ nsp. capilla.

apóstol$_{1138}$ ist gelehrt.

*sapēre hat (außer in der 1. sg. ps. ind., wo das p vollständig schwand) sein p in allen Formen erhalten, in denen sein Stammvokal durch den Einfluß von nachtonigem i oder u Veränderungen erlitten hat: sepa$_{386}$ sope$_{2202}$ sopiesse$_{26}$ sopieredes$_{833}$; sonst ist das p zu b geworden.

pp wird gewöhnlich zu p vereinfacht: escapo$_{75}$ apareiados$_{1123}$.

pr anlautend blieb: pro$_{239}$, als praep. por$_{17}$; inlautend erhalten in apres$_{1559}$ (wohl Lehnwort); wenn zwischen p und r ein Vokal fiel, so wurde die Gruppe zu br: cobrar$_{303}$ huebras$_{2401}$; geht dem p noch ein Konsonant m voraus, so blieb die ganze Konsonantengruppe (oder vielmehr das m wurde durch n wiedergegeben) conpra$_{62\ 90}$.

pt ursprünglich: Das p fiel: catando$_2$ desatóse$_{2282}$; escripta$_{1259\ 1527}$ ist gelehrt.

pt entstanden durch Ausfall eines Vokals: entwickeln sich zu bd, d. h. die beiden Konsonanten wurden intervokalisch zu b, d geschwächt und erst dann fiel der Vokal: cabdal$_{608}$ rrecabdo$_{24}$; nsp. hat das b in beiden Wörtern vokalischen Charakter angenommen: caudal recaudo (daneben auch recado; recaudo in ganz enger Bedeutung, Einziehung von Steuern).

rriebtos$_{3257}$ sbst. von reputare entspricht keiner der eben angeführten Entwicklungen von pt, vielmehr haben die beiden sich gekreuzt; nsp. retar zeigt die erste Entwicklung.

ps: Das p assimiliert sich dem s: essa$_{56}$ ipsa (daneben esos$_{800}$) essora$_{603}$.

pc: Das p wurde zu b und vokalisierte sich dann zu u in auze$_{1523\ 2366}$ aus apicem. (Ich schließe mich Baists Etymologie R. Zs. VI 167 an; cf. auch Cornu Rom. X. 76).

b.

Anlautend blieb b erhalten oder wurde durch v wiedergegeben, da im P. C. diese beiden Buchstaben willkürlich für einander eintreten können: bien$_{32}$ narones$_{16}$.

Inlautend wird b meist durch v (u) wiedergegeben: cavallo$_{215}$ çevada$_{420}$ lavores$_{460}$ aver(es)$_{27}$ (so meist, daneben einmal anueros$_{2615}$.

Gefallen ist inlautend b in c_{103} ubi und y_{120} ibi, ebenso scheint b gefallen zu sein in nues $_{2698}$ nubes, das jedoch nicht am Platze zu sein scheint, da es absolut nicht in die Assonanz paßt.

Auslautend b fiel in so sub (immer vor dem bestimmten Artikel vorkommend): sol espada $_{1726}$ sol escaño $_{2287}$ solos mantos $_{3077}$. bb erhalten in dem gel. abbat $_{237}$.

bt wird zu bd in debdo $_{225}$ dubda $_{477}$ cobdo $_{501}$: usp. zwei Entwicklungen: einerseits wurde das b vokalisiert: deuda, andrerseits schwand es gänzlich: duda, codo.

In der Gruppe bsc fiel das b: ascondense $_{30}$.

b + J-Element (bj.) ergiebt konsonantisches i (y) aya $_{179}$ habeam.

bv: Das b fiel in huuiar $_{1180}$ (obviare), so meist, daneben huyar $_{892}$ uuias $_{3319}$.

Warum Vollmöller bei dem letzten Wort nicht wie auch sonst uuias druckt, sondern vujas, ist mir unklar.

mb: Das b verstummt in der Regel: amos $_{100}$ entramos $_{2660}$ loma $_{426}$ camearon $_{2093}$ cama $_{3085}$ = *camba.

f.

Anlautend ist f immer erhalten, in keinem Fall wie im usp. zu h geworden; manchmal finden wir auch ff statt f: fuerte $_1$ figo $_{77}$ fe $_{120}$ ffazie $_{1661}$.

Häufig wechselt f mit ff in Alfonsso $_{22}$-Alffonsso $_{74}$ und der hinweisenden partikel afe $_{3407}$-affe $_{3393}$ (im letzteren Fall allerdings durch das vorangehende a in den Inlaut getreten).

Inlautend kommt f selten vor; zu v wurde es in provechosa $_{1233}$ von profectus.

ph wurde wiedergegeben durch u (= v, b) in Estevan $_{397}$ usp. Esteban: für colpe $_{184}$ ist *colapum anzusetzen, usp. golpe.

ff blieb erhalten in offreçieron $_{338}$, daneben jedoch ofrenda $_{3062}$

f trat in einem Fall an die Stelle von germ. h.: fardida $_{443}$ daneben richtig ardido $_{3359}$ ardida $_{79}$ und ardiment $_{519}$.

3*

v.

Im Anlaut gewöhnlich erhalten oder durch b vertreten (cf. p. 34): uozes$_{35}$ vermeios$_{83}$ (nsp. bermejos) ban$_{298}$ = van$_{542}$ en-bias$_{490}$ = envio$_{518}$. bivo$_{75}$ buelto$_9$.

v aus u, zwischen Konsonant und Vokal, wurde zu gu, als ob Entstehung aus dtsch. w vorläge in menguados$_{108}$ minguados$_{2170}$ minguava$_{821}$ menguar$_{918}$ (daneben mengó$_{2165}$) von *minuare (minuere)-minvare. Denselben Vorgang zeigt nsp. mangual aus manualem (Kettenpeitsche).

Zu f wäre v geworden, falls die Etymologie richtig ist, in fé$_{269}$ afé$_{152}$ = vide!; einmal finden wir die Form mit v vezos$_{3272}$ myo Çid.

Inlautend blieb v in leuaua$_{16}$ aues$_{859}$, es fiel in vazias, vianda$_{63}$ rio$_{904}$.

In den Auslaut tretend wird v zu f, auch ff geschrieben: nueve$_{1209}$ aber nuef$_{40}$. statt ove (1. sg. pf. v. aver) finden wir je einmal of$_{3321}$ und off$_{3320}$.

nv ist zu mv-mb-m geworden in amidos$_{84}$ (invitus).

vt ergab pd in çipdad$_{397}$. die nsp. Entwickelung geht nach der anderen Seite, indem b vokalisiert wird ciudad.

IV. Die Dentalen.

t.

t im Anlaut bleibt: tornava$_2$ tan$_7$ tiesta$_{13}$.

Im Inlaut wird t in der Regel zu d geschwächt: nadi$_{25}$ escuderos$_{187}$.

In cañados$_3$ erlitt das zu d geschwächte t Umstellung mit folgendem n, und die Gruppe nd entwickelte sich im P. C. weiter zu ñ (catenatum); im nsp. ist die Form candado durchgedrungen; dieselbe Umstellung fand statt in rriendas$_{10}$ retinas.

Erhalten ist inlautendes t auffälliger Weise in noto$_{185}$ spirital$_{500\ 343}$ (wohl gel.) natura$_{2549\ 2554}$ natural$_{1272}$ und latinado$_{2607}$ (wohl auch gelehrt).

Für sp. todo ist, entgegen den anderen rom. Sprachen, lt. tótum, nicht *tóttum, anzusetzen.

Tritt t durch den Fall von nachtonigem Vokal in den Auslaut, so wird es ganz willkürlich teils durch t, teils durch d wiedergegeben; vor allem ist dies der Fall beim imper. plur.: Neben dad$_{2133}$ finden wir dat$_{106\ 420}$, neben prended$_{119\ 812}$ prendet$_{147\ 641}$, neben sabed$_{1278}$ sabet$_{572}$ u. a. Im nsp. ist hier überall d durchgedrungen.

Hierher gehört auch abbat$_{237}$, nsp. abad (wohl halbgel.)

t im Auslaut fiel immer: o$_{75}$ e$_3$; im P. C. finden wir et immer als e, nie als y, auch vor Vokalen: e uços$_3$ e entrando$_{12}$ e engrameó$_{13}$ e essos$_{466}$; also auch vor anlautendem e blieb e unverändert, während y im nsp. vor i, y zur alten Form e zurückkehrt.

Neben e finden wir auch he$_{2163}$ cf. unter h.

t im Auslaut finden wir, ohne etymologischen Grund in algunt$_{1754}$ (año) neben dem gewöhnlichen algun$_{2372}$ (moro).

tt wird vereinfacht zu t: meter$_{144}$, auch für plata$_{184}$ quitar$_{211}$ müssen wir Stämme mit tt annehmen.

lt: ist in der Regel erhalten alto$_8$ salto$_{244}$; altar$_{224}$, daneben otero$_{554}$ (vielleicht war in otero das l vokalisiert worden in der vortonigen Silbe und altar ist erst durch die Kirche wieder eingedrungen) buelto$_9$ sueltan$_{10}$.

Anmerkung: Einen besonderen Weg schlägt in einigen Fällen lt nach u ein: Das l verwandelt sich in i und i+t entwickeln sich weiter zu ch = multum-*muito: muito zeigt wieder zwei Entwickelungen, 1) fällt die zweite Silbe und es bleibt mui, geschr. muy$_{183}$, 2) wird i+t zu ch und wir erhalten mucho$_6$; beide Formen existieren auch noch im nsp., die erstere vor adj., die andere absolut. In ähnlicher Weise giebt auscultare ascuchar-ascuchó$_{3401}$.

rt gewöhnlich erhalten: fuerte$_1$ art$_{575}$, daneben die Form arch$_{690}$. cort$_{1360}$, daneben einmal die Form corth$_{1263}$ martires$_{2734}$ nsp. mártires gel.

Waren r und t durch tonlosen Vokal getrennt, so wurde das t zu d: verdat$_{2139}$.

st im Inlaut bleibt gewöhnlich erhalten: tiesta$_1$, esto$_{19}$ castigar$_{229}$ nestidas$_{578}$; nach o, u wurde es zu ç. z in uços$_8$ gozo$_{170}$ Saragoça$_{91}$ (Über z. ç cf. unter c).

In dem letzten Beispiel ist anlautend c (wohl durch Dissimilation) in s übergegangen. nsp. lautlich richtig Zaragoza (Caesar-Augusta).

Diez R. Gr. 5 I 231 führt ein Wort Arbuxuela an und setzt dazu „Ortsn. (arbustum?)". Nach Vollmöller heißt das Wort Arbuxuelo$_{15\,3}$ und dürfte nach dem folgenden arriba zu schließen, ein Flußname sein.

Zu x wurde st ferner (nach E. W. II. s. v.) in quexar$_{652}$ aus *questare.

st mit folgendem I-Element blieb erhalten in dem gel. christianas$_{29}$, neben cristianos$_{731}$, und in bestias$_{1061}$

st im Auslaut verliert immer das t: es$_{91}$ pues$_{219}$

tr im Anlaut bleibt erhalten: tres$_{1\,5}$ traer$_{91}$; im Inlaut wird es in der Regel zu dr: padre$_8$ piedra$_{345}$, geht noch ein Konsonant voraus, so bleibt tr: otra$_{635}$.

Spurlos geschwunden ist das t in Pero$_{209}$ u. s., daneben einmal Peydro$_{863}$ cf. pv. Peyre.

tt-r wird zu tr in letras$_{1290}$.

t + I-Element wird in der Regel zu ç, z: rrazon$_{19}$ coraçon$_{53}$ terçero$_{331}$ plaça$_{5\,5}$: Suff.-itia: cabeça$_2$ rriqueza$_{611}$ provezas$_{1292}$.

n + tj ergab nz in fronzida$_{789}$ (frontem + iare); dem tj vorausgehendes p fällt in caçado$_{1731}$.

Neben der oben angeführten Form rrazon (so meist) finden wir noch rraçion$_{2329\ 2467\ 2773\ 3386}$ und raçon$_{3216}$; neben rriqueza noch rriquiza$_{2663}$ und, mit anderem Suffix, rictad$_{688}$ und rritad$_{1189}$.

In einer Reihe von Fällen finden wir tj durch çi wiedergegeben; die Fälle sind: graçia$_{50}$ ençerviçio$_{69}$ çerviçio$_{1535}$ palaçio$_{115}$ palaçiano$_{1727}$ préçia$_{475,\ 1018}$ und préçio$_{77}$ espaçio$_{1768}$ partiçion$_{2367}$ departiçion$_{2631}$ traçion$_{2660}$, enffurçion$_{2849}$ entençion$_{3464}$; oraçion$_{51\ 366}$ encarnaçion$_{333}$ vocaçion$_{1619}$ bendiçiones$_{2226,\ 2502}$ (bendictiones$_{2240}$).

Obgleich von diesen Wörtern eine Reihe, besonders die zuletztgenannten, sicher gelehrt sind, so scheinen doch auf der anderen Seite einige wie graçia, çerviçio, palaçiano unbedingt volkstümlich gewesen zu sein; wie es aber kam, daß gerade bei den angeführten Beispielen t + I - Element eine andere Entwickelung nahm, als sonst in der Regel, vermag ich nicht zu sagen.

tj durch den Fall von nachtonigem Vokal in den Auslaut tretend, wird z: solaz$_{228}$ prez$_{1748}$ (volkstümlich?).

d.

Im Anlaut blieb: duelo$_{29}$ dezir$_{30}$.

Im Inlaut fällt d in der Regel: fiel$_{204}$ parayso$_{350}$ oy$_{365}$ oyó$_{636}$ (in anderen Formen von oir tritt das d wieder auf: odredes$_{70}$ u. a. s. Formenl.) ser$_{2208}$ (hier dieselbe Erscheinung wie bei oyr.) Über limpia$_{1116}$ s. o. unter n.

In den Auslaut tretend fiel d in den einsilbigen Wörtern pie$_{38}$ fe$_{163}$, geblieben ist d in mehrsilbigen merçed$_{266}$ u. a. alaudare$_{335}$ ist gel. Bildung, die volkstümliche Entwicklung dieses Wortes repräsentiert alabar$_{3324}$ alabavan$_{580}$, mit nach Fall des d konsonantisch gewordenem u (nach Dz. E. W. IIb s. v.), eine andere volkstümliche Entwicklung ist die im P. C. nicht vorkommende Form aloar. Auch in adorar$_{336}$ ist intervokales d erhalten.

d im Auslaut fiel que, a, algo$_{111}$.

d + I - Element ergiebt meist i, y (wohl mit konsonantischem Wert) vaya$_{89}$ rrayar$_{231}$ caya$_{313}$ poyo$_{863}$; daneben púian$_{2698}$ mit (selten vorkommendem) Umlaut des o zu u (wohl = puyan).

d + I - Element ist unverändert geblieben in medio$_{182}$: dazu haben wir die ungewöhnliche Form meatad$_{514}$.

s.

s anlautend blieb erhalten, häufig, um ähnlich wie bei r Stimmlosigkeit auszudrücken, verdoppelt: salvo$_{119}$ santas$_{48}$ saña$_{22}$ ssea$_{132}$, manchmal auch am Anfang einer Silbe im Innern des Wortes ss: pienssan$_{10}$.

Durch ç wiedergegeben ist anlautendes s in en-çerviçio$_{69}$ çerviçio$_{1535}$ (nsp. servicio) San Çalvador$_{2924}$ und çerrada$_{32}$.

Inlautend blieb s ebenfalls: besaron$_{153}$; durch ç wiedergegeben in quiçab$_{250}$, nsp. quizá.

s auslautend blieb überall in der Deklination und Conjugation.

Sollte der Schreiber vielleicht statt des = de esso (s. v. 2275) in v. 2134 ded geschrieben haben? Den umgekehrten Fall (s statt d) haben wir in v$_{2411}$ amistas statt amistad$_{2412}$

Einige Male finden wir auch im P. C. s ohne etymologischen Grund an adv. und conj. angehängt: antes$_{13}$ antesque$_{231}$ neben ante que$_{169}$. sines$_{597}$ neben sin$_{690}$; ferner estonces$_{951}$ nsp. entonces.

ss bleibt meist erhalten: fuesse$_{61}$ priessa$_{97}$ (einmal priesa$_{587}$) passo$_{98}$ (daneben paso$_{858}$) espesso$_{1615}$ messo$_{2832}$ (nach Dz. E. W. s. v. w. metere, messum).

Nach unorganisch eingeschobenem n wird s vereinfacht: mensaie$_{627}$.

Zu x wurde ss in abaxan$_{716}$ vom Stamme bassum.

In den Auslaut tretendes ss wurde vereinfacht zu s: fos$_{3590}$ = fuesse, vielleicht auch apres$_{1859}$.

s-n bleibt erhalten: mesnada$_{487}$ so meist, daneben einmal menadas$_{702}$.

s + Kons. giebt meist es + Konsonant: estava$_2$ Estevan$_{397}$ espada$_{41}$ escudero$_{187}$.

Neben espirital$_{1633}$ finden wir gewöhnlich die Form spirital$_{300\ 343\ 372}$, beide Formen sind nicht ächt volkstümlich.

Ausnahmen sind selten, in der Regel endigt dann das vorhergehende Wort auf nachtoniges e oder auf s: le speraré$_{1194}$. deve sperar$_{1457}$ e spidiós$_{1307}$; daneben se espidió$_{1373}$ sediellos sperando$_{2239}$; non spidies$_{1252}$ non spero$_{1481}$ lassen sich wohl so erklären, daß damals das auslautende n schon stumm war.

Spidiós$_{226}$ finden wir am Anfang der Zeile. es ließe sich dort recht gut noch ein e vorsetzen: Espidiós.

V. Die Gutturalen.

c.

c vor a, o, u (gutturales c): Die Behandlung desselben ist ziemlich einfach: Im Anlaut bleibt es: cabeça$_2$ casas$_{46}$ caros$_{103}$ contado$_{142}$ colpe$_{184}$ (golpe nsp.).

Durch q vertreten ist es in quiñoneros$_{511}$.

Vor a wurde c einmal zu ch in min chal$_{230}$, daneben, ebenfalls einmal, min cal$_{2357}$.

Im Inlaut wird c gewöhnlich zu g: enemigos$_9$ consigo$_{67}$ logar$_{128}$ pregones$_{267}$ ciego$_{352}$; eine auffällige Ausnahme bildet poco$_{133}$ so auch nsp.; glorifficarou$_{335}$ ist wohl gel.

Vollständig geschwunden ist das c in emplear empleando$_{1006}$. das y, das in einigen Formen auftritt, empleye$_{500}$, scheint nur hiatustilgenden Zweck zu haben.

c im Auslaut fiel immer: acá$_{672}$ aquí$_{180}$ assi$_{33}$ u. a.

cc wird immer vereinfacht: bocas$_{19}$ acusado$_{73}$ $_{112}$ chicas$_{269}$ vacas$_{481}$ pecados$_{1705}$ u. a.

Tritt (in der Konjugation) dieses einfache c vor einen hellen Vokal, so wird es durch qu ersetzt: saco$_{38}$ (jedenfalls haben wir ein Etymon mit cc anzunehmen), aber saqueste$_{360}$.

c vor ae, oe, e, i und y (palatales c): Im Anlaut ist gewöhnlich durch ç vertreten: çerca$_{76}$ çinxo$_{78}$ çielo$_{217}$ ciego$_{352}$ çenado$_{404}$ çelada$_{441}$ çevada$_{627}$.

Im Inlaut wird c, soweit es erhalten ist, teils durch ç, teils durch z wiedergegeben: merçed$_{598}$ vozes$_{35}$ aduzir$_{144}$ dezeno$_{1210}$ diezmo$_{1798}$ (decem nur in der Form X: DX$_{796}$).

In den Auslaut tretend wird c stets durch z wiedergegeben: plaz$_{180}$ cruz$_{348}$ foz$_{551}$ az$_{697}$ paz$_{978}$.

ç und z im P. C.

Wir finden im P. C. neben einander und zwar ziemlich streng geschieden, insofern, als in einem und demselben Wort immer dasselbe Zeichen angewandt wird, ç und z.

Anmerkung: c. das sich auch einige Male findet (natürlich ist hier nur c vor hellen Vokalen gemeint), wollen wir hier gleich erledigen, da die sämtlichen Beispiele, in denen es vorkommt, mit Ausnahme von albricia — dieses Wort ist arab. Ursprungs und nur einmal belegt —, im P. C. häufig belegt sind mit ç, so daß wir also diese Fälle der Flüchtigkeit des Schreibers zur Last legen können. Die folgenden Fälle habe ich gefunden: albricia$_{14}$ cinxiestes$_{41}$ $_{1595}$ Cerca$_{392, 732}$ (Initiale) cercado$_{2293}$ Ciento$_{995}$ $_{1264}$ (Initiale) cientos$_{674}$ cevada$_{425}$ celada$_{579}$ vencer$_{995}$ vencremos$_{2330}$ vencidos$_{3529}$ Cinquenta$_{2313}$ (Initiale) ciclaton$_{2744}$ cena$_{2883}$ rrecibio$_{3245}$ cinquesma$_{3725}$

c statt zu erwartendem z im Inlaut finde ich nur einmal voces$_{3663}$.

ç, z entstanden 1) aus lat. c vor hellen Vokalen; 2) aus lat. t + I-Element; 3) aus lat. st; 4) einige Male statt lat. s; 5) aus lat. sc; 6) c + I-Element.

Im Anlaut finden wir für lat. c vor hellen Vokalen, abgesehen von den wenigen eben angeführten Ausnahmen. stets ç, nie z.

Im Inlaut finden wir für lat. c, sowie für t + I-Element neben einander ç und z, jedoch, wie schon bemerkt, dasselbe Wort durchgängig mit demselben Buchstaben bezeichnet.

Eine Regel, in welcher Weise ç und z angewandt sind, habe ich nicht aufzustellen vermocht; wir finden z. B. eine und dieselbe Endung bei diesem Wort immer mit ç, bei jenem immer mit z geschrieben: itia giebt eça und eza: cabeça$_{2}$ (immer) riqueza$_{611}$ proveza$_{1292}$; ationem giebt açon und azon: coraçon$_{53}$, rrazon$_{19}$ (immer, nur fünf Nebenformen cf. p. 38. rraçion und rraçon) u. s. f.

Aus der Sammlung aller Fälle, in denen sich ç oder z im Inlaut finden, habe ich ersehen, daß das Verhältnis des Vorkommens von ç gegenüber dem von z etwa 2:1 ist; eine bestimmte Regel habe ich jedoch nicht aufzustellen vermocht; auch über die Aussprache der beiden Laute erlaube ich mir kein Urteil, da, wie man sieht, beide häufig genug aus demselben lat. Laut hervorgingen. Im nsp., wo bekanntlich ç vollkommen geschwunden ist und c und z einfach so gebraucht werden, daß c vor hellen, z vor dunklen Vokalen und im Auslaut gesetzt wird, herrscht, wie Herr Dr. R. Lenz in Bonn mir freundlichst mitteilt. überhaupt kein Unterschied zwischen c und z. Joret, Du Ç dans les Langues Romanes, Paris 1874, pag. 139 und 140, hat sich auch mit dem c, ç, und z im P. C. beschäftigt. Er bemerkt dort: ..... „El Poema del Cid ..... nous montre le c palatal ou ti transformé représenté quelle que soit la voyelle suivante, ordinairement par ç, — quelquefois aussi par c, quand il a la valeur d'une spirante sourde, par z, au contraire, en général dans les mots, ou elle paraît avoir dû être sonore; ç est d'ailleurs d'un usage bien plus fréquent que z; c'est lui seul qui apparait au commencement des mots, et au milieu on le rencontre encore dans le plus grand nombre de cas; à la fin des mots, au contraire on ne trouve que z. Nous voyons là à part la différence de signes, la plus grande analogie de transformation avec ce qui se passe en français et en provençal." ....

Folgen alsdann die in den ersten 500 Versen enthaltenen Beispiele des Vorkommens von c, ç und z (nebenbei bemerkt zum guten Teil unrichtig, woran allerdings J. nicht immer selbst die Schuld trägt, da ihm damals noch nicht Vollmöllers Druck zu Gebote stand). Joret fährt dann fort: „Si on compare . . . . les mots précédents aux mots analogues du provençal et du français, on voit que ceux ou la palatale transformée est représentée par ç correspondent aux mots où elle s'est changée d'ordinaire en spirante sourde dans ces idiomes, et qu'à z espagnol y répond par contre une spirante sonore. Enfin, comme je l'ai dit, à la fin des mots, z s'est partout substitué à c palatal ou à ti assibilé, ainsi plaz$_{191}$ [falsch zitiert, es kann nach Janer, D. Hinard und Vollmöller nur v. 180 gemeint sein] solaz$_{218}$ [auch falsch, muß heißen $_{228}$] cruz$_{358, 381}$ (statt $_{358}$ lies $_{348}$) faz (faciem)$_{356}$ | Vollm. $_{355}$ | faz (*face)$_{365}$ etc."

Meines Erachtens hat Herr Joret hier etwas schnell geurteilt, vielleicht gerade nur nach den ersten 500 Versen;

die Sache liegt keineswegs so bequem, daß ç einfach die tonlose Spirans repräsentiert und z die tönende.

Einzelne Bemerkungen zu c vor hellen Vokalen und zu Zusammensetzungen mit anderen Konsonanten.

Statt ç im Anlaut finden wir ch in chicas$_{269}$. chicos$_{1990}$ nsp. ebenso.

Statt ç finden wir s in Saragoza$_{941}$.

lc ursprünglich blieb unversehrt: falcones$_5$ dulçe$_{405}$: fiel zwischen l und r ein Vokal, so wurde c als intervokal behandelt und demzufolge zu g: cavalgar$_{52}$ colgadas$_{818}$.

Dasselbe geschieht bei rc: cargar$_{170}$ atorgar$_{198}$. Urspr. rc blieb: arcas$_{113}$ marcos$_{135}$; einigemale ch statt c: archas$_{65\ 119\ 127}$ marchos$_{138.\ 260\ 345}$.

cr blieb im Anlaut: criador$_{48}$ criminal$_{342}$ u. s.

Das r erlitt Umstellung und an Stelle des vor e kommenden c trat qu in quebrar$_{235}$ quebrantar$_{34}$ von crepare.

Im Inlaut wurde cr zu gr in alegre$_{243\ 926}$ logradro$_{2452\ 2633}$ (v. lucrum lucrari).

ct zeigt eine zwiefache Entwickelung, einerseits zu ch, andrerseits zu t unter Fall des c, und wir finden Formen, die beide Entwickelungen aufweisen; cinctas z. B. giebt çintas$_{576}$ u. s. neben çinchas$_{993}$ u. s. (beide auch in der Bedeutung verschieden); Sanctum giebt santo-santas$_{48}$ neben Sancho$_{237}$.

ch haben: echados$_{14}$ noche$_{23}$ fecha$_{54}$ conduchc$_{68}$ sospecha$_{126}$ derecho$_{482}$.

t: mataron$_{724}$ cueta$_{451}$ = cocta.

c-t ergeben nach Fall des Vokals, der zwischen ihnen stand, z in rezava$_{238}$ recitare.

st in enemistad$_{965}$ *inimicitatem; amistad$_{2412}$.

Nach Diphthongen und Konsonanten fällt das c (in ursprünglicher Gruppe ct): atorgar$_{198}$ iuntar$_{291}$ punto$_{294}$ untar$_{354}$ *unctare.

Eine besondere Entwickelung zeigt placitum einerseits wie rezava zu plazo$_{309}$ andrerseits zu pleyto$_{160}$.

cs (x) erhält sich in dem praef. ex vor Vokalen, während es vor Konsonanten in der Regel zu s wird: exir$_{200}$

(exida$_{11}$ exien$_{16}$) exorado$_{733}$; escapo$_{75}$ espeso$_{61}$ escalentar$_{332}$ esmerado$_{113}$

Intervokalisch und nach Konsonanten erhält sich cs (x) gewöhnlich: dixo$_{49}$ çinxo$_{56}$ u. a.

Vor t verwandelt sich cs (x) in s: diestra$_{11}$ mestureros$_{267}$ *mixturarios.

Umstellung von cs (x) zu sc findet sich im perf. und den davon abgeleiteten Formen einiger Verba: visquier$_{251}$ nisquiessen$_{173}$, nasco durch Analogie, s. Formenl.

cs (x) im Auslaut; wenig Fälle: c wandelte sich zu i (y) in seys$_{135\ 1265\ 2467}$, daneben je einmal die Formen seyes$_{147}$ und seyx$_{2489}$.

Geschwunden is das c in abes$_{542}$ ad + vix.

c + I-Element wird in der Regel zu ç: lança$_{79}$ calças$_{190,\ 992}$ alcançar$_{390}$ braços$_{203}$ arçones$_{717}$; halb gelehrt scheint die Form deliçio$_{1639}$ zu sein.

t + c in der Endung -aticum: dieselbe wird im P. C. meist wiedergegeben durch -aie: mensaie$_{627}$ (daneben mensage$_{1278}$) husaie$_{1519}$ omenaies$_{3125}$; eine merkwürdige Schreibung zeigt barnax$_{3325}$ *baronaticum.

sc ist erhalten als sç nur in den Formen von cognoscere: coñosce$_{983\ 3143}$ conosçe$_{1526}$ connosçie$_{1929}$ coñosçió$_{2932}$, daneben einmal conuçió$_{3643}$ (nicht wie Dz. R. Gr. 5. II 186 Sanchez folgend angiebt: conuvo) coñosçedores$_{2851\ 3137}$; sonst wird sc wiedergegeben durch ç: meçió$_{13}$ (miscere) naçido$_{71}$ naçio$_{294}$ (nur einmal nasçió$_{2643}$) creçe$_{296}$. ferner alle inchoat. Verba auf -eçer.

rresuçitest$_{346}$ ist gelehrte Bildung, volkstümlich müßte der inf. lauten etwa *rresuzar.

Anmerkung: v. 1601 finden wir ein Wort delent, das sonst nicht vorkommt und für welches D. Hinard deleit setzt. Wir müssen alsdann das Wort als Lehnwort, vielleicht provenzalisches, ansehen, denn für das span. müßten wir deleto oder noch besser delecho ansetzen. Jedenfalls muß die Besserung einstweilen genügen.

qu

wird allgemein behandelt wie c vor dunklen Vokalen: Im Anlaut erhalten: quanto$_{77}$ querer$_{76}$ quitar$_{529}$; durch c ersetzt ist es in commo.

c, in unserem Fall ç, trat gemeinromanisch ein in çinco$_{187}$.

Im Inlaut wird es gewöhnlich zu gu: agua$_{150}$ (demnach anzusetzen aqua, nicht *acqua), zu g (ohne u) wurde qu in algo$_{157}$.

g.

g vor a, o, u im Anlaut blieb, ebenso vor Konsonanten: gallo$_{169}$ gozo$_{170}$ grado$_{8}$ glera$_{56}$.

Im Inlaut bleibt g zwischen o-a: rrogando$_{240}$

Spurlos geschwunden ist g in leal$_{396}$; rreyal$_{2178}$ scheint erst von dem fertigen rrey gebildet worden zu sein.

Wenn in der Konjugation g, das im inf. vor dunklem Vokal stand, vor e zu stehen kommt, so schwankt die Schreibung zwischen ge und gue: von entergar = usp. entregar haben wir nebeneinander die Formen entergedes$_{3227}$ und entergueu$_{3234}$: pagen$_{3240}$ se otorge$_{3112}$: im usp. tritt in all diesen Fällen natürlich ein u hinter das g.

g vor e, i: im Anlaut tritt gewöhnlich als g, manchmal auch als y auf: gente$_{462}$ yentes$_{29\ 176\ 463}$ yernos$_{2106}$ (hyernos$_{2188\ 2270}$) gesta$_{1085}$ ist Fremdwort.

g ist geschwunden und an seine Stelle h getreten in hermanos$_{928}$.

g zusammen mit vortonigem e ergab vokal. y in yñoios$_{53}$ (genuculos).

Im Inlaut ward g zu y vor e in fuyen$_{771}$, ebenso wenn es durch Vokalschwund in den Auslaut trat: rrey$_{22}$.

Vor i schwand g vollständig, d. h. es wurde zu konson. y und wurde dann allmählich unterdrückt: cogitatum-*cuydado-cuydado$_{6}$ treynta$_{872}$ rroydo$_{696}$ aina$_{214}$ (nach Diez aus agere, wie ruina aus ruere).

gn entwickelt sich gewöhnlich zu ñ: enpeñar$_{92}$ (pignus) seña$_{177}$ dagegen aber sinava$_{411}$ (la cara), coñosçe cf. p. 45. señal$_{2375}$ enseñar$_{2515}$; pugnus finden wir in der Form puño$_{3089}$. ebenso ohne tilde cunados$_{2517}$. nsp. puño, cuñados.

j.

Im Anlaut ist j überliefert teils als i, teils als y, nsp. vor a, o = y, vor u = j: iantar$_{285}$ (yantar nsp.) iazer$_{393}$ (nsp. yacer) Yague$_{731}$ (nsp. Yago) yogo$_{573}$ = iacuit (nsp. nicht mehr) iurado$_{163}$ (nsp. jurado) inntados$_{291}$ (nsp. juntar) inego$_{3258}$: daneben guego$_{2307\ 2535}$ iogados$_{3249}$ (jocare hat nsp. y: yogar).

Anlautendes j vor hellem Vokal ist gefallen in echados$_{14}$ *jectare statt jactare.

Inlautend finden wir j als y in mayor$_{707}$ nsp. mayor, als i in aiuntar$_{1171}$ (nsp. ayuntar).

h.

Anlautendes h fiel: ombros$_{13}$ averes$_{27}$ oñores$_{289}$ astil$_{351}$ oy$_{365}$ España$_{453}$ u. a.

Verhältnismäßig am meisten erhalten ist h im praes. von habere; s. Formenl.

Andrerseits finden wir bei Wörtern, die im Lateinischen kein h hatten, ein solches im P. C. ha$_{322}$ = ad, huebôs$_{82}$ = opus (nsp. haben bekanntlich alle Wörter, die mit ue anfangen, ein h davor, einerlei ob etymologisch begründet oder nicht).

Neben yd$_{638}$ finden wir hyd$_{888\ 897}$; neben ya$_{41}$ hya$_{939\ 947}$ neben yo$_{74}$ hyo$_{1356}$, neben uvias$_{3319}$ (obviassem) huviar$_{1180}$. neben yernos$_{2106}$ hyernos$_{2188\ 2270}$.

Im Inlaut ist h ebenfalls gefallen traer$_{517}$.

Formen-Lehre.

Im großen und ganzen deckt sich die Formenlehre des P. C mit der heutigen, nur einige besondere Züge finden sich, vorzüglich in der Konjugation, durchgeführt; dieselben werden an den betreffenden Punkten erwähnt werden.

I. Zur Deklination.

Artikel.

Hierzu einige Bemerkungen: Außer der Kontraktion des männlichen art. mit den praep. de und a, die auch heute noch stattfindet, finden wir einige Beispiele von Kontraktion mit anderen praepp.: antel campeador$_{264}$ sol escaño$_{2287}$

Kontraktion des weibl. art. finde ich nur in de sol espada$_{1726}$.

Der sächliche art. lo wird ebenso wie im nsp. nicht mit de, á zu del, al verschmolzen: de lo mio$_{157\ 1073}$ de lo vuestro$_{1073\ 1525}$ de lo al$_{3503}$.

Sonst lehnt sich der männliche art. hier und da an anderen Wortklassen an: todol dia$_{650}$ fazal alba$_{3060}$ = faza el alba (über el statt la cf. das folgende).

Der männliche art. statt des weiblichen tritt außer vor den auch im nsp. noch so behandelten Wörtern: agua$_{150\ 661}$ (doch la agua$_{558}$, viell. contral agua) az$_{722}$ alma$_{1022}$ alba$_{1100\ 3060}$ auch noch auf vor den subst. algára$_{454}$ espada$_{471\ 1752\ 2424\ 3192\ 3198}$ doch la espada$_{790\ 3189}$ arrancada$_{609\ 1227}$ almofalla$_{660}$: an kontrahierten Formen fand ich del estribera$_{38}$ al algara$_{451}$ al espada$_{146}$.

An die Stelle von la vor konsonantisch anlautendem subst tritt, wenn ein vokalisch anlautendes adj. zwischen art. und subst. zu stehen kommt el in del otra part$_{635\ 867\ 1696}$ neben de la part$_{771}$ dagegen vor konsonantisch anlautendem Wort (poss. pron.) wieder la in de la tu part$_{854}$. In diesem Fall läßt sich annehmen, daß auslautendes a und anlautender Vokal in einander verschleift wurden.

Statt des unbetonten una finden wir gewöhnlich un in un ora$_{605}$, einmal un almofalla$_{182}$ (a + a).

Mit de kontrahiert ist una in einem Fall duna montana$_{427}$.

una$_{350}$ statt uno ist ein Druckfehler, in der hs steht uno (Baist, Coll.).

Substantiv.

Der lat. nom. ist in einigen erstarrten Formen erhalten: huebos$_{82}$ (nsp. veraltet) amidos$_{84}$ (ebf. veraltet) virtos$_{657}$ (Rom. X. p. 81—82.) Dios$_{20}$.

Eine auffallende Bildung ist donas$_{224}$ zu don$_{192,\ 196}$ (donum) neben dones$_{2259}$

Adjektiv.

Bemerke hierzu die Notizen unter nachtoniges u.

Numeralia.

1. Cardinalia: Im allgemeinen sind die Num. dieselben wie im Nsp., so weit sie belegt sind. Einige weisen Doppelformen auf: dues$_{255}$ neben sonst ausnahmslos dos.

(Diez R. Gr. 5 II. 79 Anmerkung vermutet, dues stände nach der Mundart des P. C. für dos, wäre demnach auch dués zu sprechen (?).

Neben seys$_{135,\ 1276}$ finden wir einmal seyes$_{147}$ und einmal seyx$_{2489}$.

Neben nueve$_{1209}$ einmal nuef$_{40}$

Über çiento vgl. oben unter u Anm. 8.
Häufig finden wir lat. ambo als amos, amas im P. C., nicht selten in Verbindung mit a dos, besonders wenn von den Töchtern des Çid die Rede ist: amas ados.

2) Ordinalia: Auch diese sind den usp. im allgemeinen gleich; über primer und terçer cf. l. c. Anm. 3, statt des usp. décimo haben wir im P. C. zwei andere Formen: el diezmo$_{1198}$ lautlich vollkommen regulär entwickelt (usp. in der eingeschränkten Bedeutung „der Zehnten," wie auch schon ähnlich an dieser Stelle im P. C.) und daneben dezeno$_{1210}$, dessen Bildung mir unbekannt ist.

Pronomina.

1) Pron. Pers.: Von den absoluten pron. pers. zeigt zwei Nebenformen el usp. él: elle$_{1353\ 1398,\ 2812}$ und ele$_{2938}$ (hyo$_{1356}$ neben yo ist ohne Belang).

Yo findet sich einmal eng verbunden mit vorausgehendem si: syo bivo so$_{1963}$.

Das neutr. pron. heißt im P. C. immer ello: dello$_{386,\ 3216}$ en ello$_{1941}$ por ello$_{2641}$.

Die pron. der 3. sg. und pl. werden häufig mit vorausgehender praep. verbunden, besonders mit de und sobre, auch mit entre, ante: dél$_{23,\ 60}$ della$_{495}$ dellos$_{111}$ dellas$_{257}$. sobrél$_{2586}$ sobrella$_{183}$ sobrellas$_{3086}$ entrellos$_{595\ 603}$ antellas$_{1747}$.

Bei den unbetonten pron. pers. ist zu bemerken die Form min für me, zweimal vorkommend: non min chal$_{230}$ poco min cal$_{2357}$; dieselbe erinnert sehr an das pt. mim.

Die dat. me, te, le, auch der acc. lo werden häufig voraufgehendem vokal. auslautenden Wort postfigiert, andererseits folgendem vokal. anlautendem Wort, gewöhnlich dem Verb, praefigiert: quem semeia$_{157}$ todom lo pechará$_{980}$, quel sirven$_{234}$ la manol va besar$_{369}$ nol$_{25\ 30}$ = non le$_{64}$ assil$_{163}$, quisol$_{265}$ quierol$_{816}$, si en su tierral pudiesse tomar$_{309}$, un suenol priso dulçe$_{405}$; nedada lan$_{62}$ = le han, les$_{975}$ = le es, diót$_{353}$.

Bisweilen erleidet bei diesem Vorgang das pron. (manchmal sind es sogar mehrere) lautliche Veränderungen: z. B.

did$_{3322}$ = dí te, fusted$_{3365}$ = fustete, nimbla$_{3286}$ = ni me la. toveldo$_{3322}$ = tove te lo; in einem Fall ist sogar der Vokal eines betonten pers. pron. gänzlich geschwunden: antes que alte alegasses$_{3318}$; die Endung des Verbs ergiebt die Auflösung: a él te alegasses.

vos ist im P. C. entgegen dem nsp. Gebrauch in fast allen Fällen unversehrt, nur nach dem imper. pl. und dem inf. finden wir einige Male die nsp. Form os: metedos$_{986}$ levantados$_{2027.3215}$ (letztere Stelle verderbt) levaros$_{1401}$.

Possessiv-Pronomina.

Die subst. pron. poss. des sg. lauten im P. C. lo myo, lo to, lo so (lo so immer, daneben dreimal lo suyo, wie im nsp. v. $_{66, 3098\ 3248}$; lo mo ist im P. C. nicht belegt, doch ist es höchst wahrscheinlich ursprünglich auch analogisch gebildet vorhanden gewesen, wie sich z. B. aus v. $_{3119}$, wo mios in einer o-Assonanz steht, mit zwingender Notwendigkeit ergiebt; ebenso myo in einer o-Assonanz v. $_{2568}$.

Demonstrativ-Pronomina.

Das nsp. pron. dem. ese lautet im P. C. sowohl vor Konsonanten als vor Vokalen stets es. Die anderen pron. dem. stimmen mit dem nsp. überein, nur in einem Fall lautet este vor Vokal est (est año$_{254}$).

Bei den pron. indef. finden wir in einem Fall statt regelmäßigem algun die Form algunt (algunt año$_{1754}$).

Konjugation.

Im P. C. sind in der Konjugation besonders auffallend die Endungen der 1. 2. pl. pf. aller Verba außer der a-Verba auf -iemos-iestes. Da diese beiden Formen in der Assonanz nicht vorkommen, so läßt sich kaum entscheiden, ob das nach dem i unorganisch entwickelte e gleichsam nur ein Nachklang des stark betonten i ist, oder ob die ganze Endung analog der 3. pl. pf. gebildet worden ist, und das e dann den Ton auf sich gezogen hat.

Sicher ist, daß die beiden Formen im P. C. die ausschließlich herrschenden sind.

Ferner zeigt im P. C. die 2. pl. aller Zeiten und Modi die lat. Endung -tis noch in der Form -des.

Auffällig ist das Schwanken der 1. 3. sg. impf. und cond. zwischen den Endungen -ia und ie (ýa und ýe), ausgenommen natürlich die Verba der a-Konjug. Im plural ist die Endung ie... schon ziemlich durchgedrungen, ia... nur noch sehr selten: dizian$_{19}$ fazian$_{2633\ 2648}$.

Während im nsp. die Endung ia vollständig durchgedrungen ist, überwiegt in unserem Denkmal im Gegenteil ie; ia mag in einigen Fällen auf den Einfluß und den Zwang der Assonanz zurückzuführen sein, z. B.: prendia$_{275}$ (3 sg.) queria$_{276}$ (3 sg.) quería$_{279}$ (1 sg.).

Von aver finden wir nebeneinander: avie$_{6.\ 22\ 50}$ neben avýa$_{1204}$, abrie$_{84.\ 525\ 1241\ 1403}$ neben abria$_{490\ 1939\ 2082\ 3029}$ u. ä.

Von dem part. perf. auf -utum finden sich im P. C. einige Überreste: metudo$_{844}$ metuda$_{914}$ neben metido$_{1623}$ -s$_{1627}$ vençudo$_{3644.\ 3690}$ neben vençido$_{784\ 1008.\ 3484}$; furçudo$_{3673}$ von fuerza ist reines adj.

Eigentümlich ist dem P. C. die vollständige Erhaltung der plusq. pf.-Endung -ssem, natürlich mit Ausnahme des m, in der Bedeutung eines cj. impf.; daneben finden wir häufig das auslautende e gefallen und infolge dessen ss zu s vereinfacht: ventasse$_{433}$ escapasse$_{483}$ quebrantas$_{34}$ curias$_{329}$; ganz selten finden wir die nsp. Formen auf -se: abriese$_{34}$ neben abriessen$_{2002}$.

Das fut cj. der 1. und 3. sg. zeigt öfters Fall des auslautenden e: dixier$_{530}$ mandar$_{691}$ semeiar$_{2364}$ ovier$_{2504,\ 3313}$ statt dixiére, mandáre semeiáre oviére.

So wie im pt. bis auf den heutigen Tag, ist im P. C. bei Zusammensetzungen mit dem inf. die Regel, etwa beistehende pron. zwischen den inf. und das Hülfsverb zu setzen.

Schwache Konjugation.

1. A-Konjugation.

Zu bemerken ist hier, wie bei der schwachen Konjugation überhaupt, sehr wenig: Aufmerksam gemacht sei auf die einzig dastehende Form cavalgeremos$_{1061}$, wo a zwischen Haupt- und Nebenton durch e vertreten ist, neben aindaremos$_{143}$, mesuraremes$_{211}$ u. a.

Die 2. sg. pf. zeigt nicht wie das nsp. in der Endung ein a, sondern, jedenfalls durch Einwirkung der 1. sg., e in den Formen: dexeste$_{347}$ quebranteste$_{360}$ saqueste$_{360}$ und ohne auslautendes e: salvest$_{339\ 340\ 341.\ 342}$ rresuçitest$_{346\ 358}$ (letzeres wohl gel.)

Einzelne Verba: estar, geht in fast allen Formen regelmäßig, nur esteva$_{2439}$ = stabat, und estido$_{3629}$ (P. Förster bringt noch bei leon. estiedo) = stĕtit (Dz. R. Gr. II. 178).

andar: unregelmäßig das pf. und die davon abgeleiteten Formen: andidiste$_{343}$, andido$_{1726}$ andidieron$_{431\ 1197.\ 650\ 3716}$ andidiessen$_{2839}$. Analogiebildungen an estar.

dar: bei dedī-di$_{2908}$ und so durch müssen wir annehmen, daß aus dem Diphthong ie + dem auslautenden i sich i entwickelt hat.

2. E-Konjugation.

Im fut. zeigen eine Reihe von Verben Fall des e der inf. Endung combré$_{1021}$ u. s.

Die sämtlichen Verba sind unter tonlosem e angeführt.

Anmerkung: v. 1691 finden wir die Form vezcamos, die dem Sinn nach vollkommen dem cj. ps. von vençer entspricht; falls es die Form von vincere ist, müssen wir, wohl infolge der Konsonantenhäufung, Fall des n annehmen, und außerdem wäre dann ç, wenn es vor dunklen Vokal tritt, genau wie im nsp. zu zc geworden. Dies Faktum ist um so bemerkenswerter, weil es im P. C. allein steht, denn die inchoat. zeigen in dem eben erwähnten Fall nie -zc-, sondern immer sc: gradesco$_{493\ 1856\ 1933}$ meresca$_{2338\ 2797}$ contesca$_{3706}$ gradescamos$_{1298}$ parescades$_{1873}$ parescan$_{1428}$.

Der imper. pl. zeigt statt der gewöhnlichen Endung -ed (-et) einmal -ede in comede$_{1026}$.

Einige Verba der E-Konjugation zeigen in ihren Formen ziemlich heftiges Schwanken: Von sedere, dessen inf. an die Stelle des inf. esse getreten ist, sind die Formen des impf. noch in der ursprünglichen Bedeutung angewandt, und zwar sowohl mit als auch ohne d: seýe$_{2278}$ seý se$_{1640}$ (sic!), seýen$_{122\ 2532}$; daneben sedie$_{1053\ 1566,\ 2030\ 1220\ 2239\ 2059\ 3553}$ sedién$_{1001\ 3595}$.

tollere zeigt nebeneinander die Formen toller$_{2520}$ und toler$_{999}$, tollió$_{3492}$ und tolió$_{1173}$, nsp. toler tolliesse$_{1788}$, tuellen$_{2720}$.

caer schiebt zur Tilgung des Hiatus häufig y ein: caye$_{2415\ 2467}$, daneben cae$_{2399}$ caen$_{513\ 605}$ pf. cayó$_{339}$ cayeron$_{1234}$ u. a. cayesse$_{1351}$. Interessant ist die 3. pl. fut. cadrán$_{3622}$, wo auf einmal das lat. d wieder erscheint, vielleicht in Anlehnung an Fälle, wo ein d durch eine Konsonantengruppe hervorgerufen wurde, wie valdrá rremandrán.

Neben einigen inch. auf -ecer treten im P. C. auch deren simpl. auf: z. B. neben gradesco$_{493}$ grado$_{2477}$ (vielleicht auch v. 8) grade$_{2685}$ gradimos$_{2860}$ gradid$_{2189,\ 2861}$ (imper.) gradió$_{2850}$ (das simplex muß demnach im inf. gradir lauten); neben contesca$_{3706}$ auch cuntió$_{2281}$ cuntida$_{2941}$; neben rremaneçió$_{1414}$ und rromaneçiere$_{823}$ auch rremandrán$_{2323}$ rremanga$_{1807}$ und rremanidas$_{1308}$.

valere geht im P. C. vollständig schwach, im Gegensatz zum nsp. valgo = *valio, eine kleine Unregelmäßigkeit zeigt einmal valla$_{2277}$ neben sonst vala$_{874\ 860}$ nsp. valga.

3. I-Konjugation.

Im fut. fällt bei den Verben morir und ferir das unbetonte i und die beiden r treten zusammen: morremos$_{2795}$ und ferredes$_{1131}$; geht dem i noch ein tonloses e voraus, so verwandelt sich dies e nach dem Fall des i in i, und zwar in folgenden Beispielen: consintrán$_{666}$ nsp. consentirán repintrá$_{1079}$ nsp. repentirá conssigrá$_{1465}$ nsp. conseguirá.

Einzelne Verba: fuir: Die Form fuýen$_{771}$ läßt nicht entscheiden, ob fúyen oder fuýen; die 2. sg. pf. lautet fuxiste$_{3318}$.

audire: zeigt nie das g, das im nsp. (1. sg. ps. ind. und der ganze cj.) eingetreten ist; das i wird zwischen Vokalen konsonantisch und gewöhnlich dafür y geschrieben: ps. oymos$_{3691}$ pf. oý$_{2670}$ oyó$_{636}$, fut. odredes$_{70}$ u. s. (daneben einmal ondredes$_{3292}$) cj. ps. oyas$_{2634}$ oyades$_{3436}$ oyan$_{2032}$. ger. oyendo$_{287}$ pt. pf. oyda$_{1541}$. inf. oyr$_{3529}$.

exir: zeigt häufig, wenn der Stammvokal vor dem Ton steht, Schwanken zwischen e und y: ps. 1. sg. exco$_{156}$ (wohl = esco) 3. sg. exe$_{1091}$ impf. 3. sg. yxie$_{457}$ pl. exieu$_{16}$, pf. 3. sg. yxió$_{353}$ neben yxó$_{938}$, yxiemos$_{1268}$ yxieron$_{191\ 649}$ neben exieron$_{1245}$ ger. yxiendo$_{396}$ pt. pf. exido$_{201}$ ps. cj. yscamos$_{685}$ (also abgesehen von dem vortonigen y analog der 1. sg. ind. exco (esco) gebildet.

salire: In den Formen, die ich im P. C. fand, entspricht dies Verb vollkommen dem nsp., [leider sind jedoch gerade die Formen, in denen es vom nsp. abweicht, im P. C. nicht belegt (1. sg. ind. ps. und der conj. praes.)| so cj. ps. salgamos$_{3461}$.

ire: verbindet sich in der cj. mit den Verben vadere und esse: ps. vo$_{250}$ (nie voy!) vas$_{853}$ va$_{174}$ vaymos$_{72,\ 1505}$, (daneben von ire ymos$_{2220}$) ydes$_{176}$ (hydes$_{829}$, einige Male fast gleichbedeutend mit yd, so $_{829\ 1068\ 1379}$) van$_{69}$ ban$_{298}$; impf. yva$_{368}$, so durch; pf. 1. sg-, fust(e)$_{358\ 3318}$ (fustel ensayar$_{3318}$) fusted$_{3365}$ meter, fue$_{773}$ —, —, fueron$_{954}$; fut. yré$_{168}$, so durch; cj. ps.: —, vayas$_{2620}$ vaya$_{442}$ vayamos$_{1531}$ vayades$_{89}$ vayan$_{853}$; imp. yd$_{638}$ hyd$_{888}$; inf. yr$_{380}$.

Anmerkung: Obgleich die Form vaymos$_{72,\ 1505}$ lautlich nur vadimus sein kann, so glaube ich doch, daß dem Sinn gemäß in beiden Fällen der cj. verlangt wird, im ersten Fall um so mehr, als ein anderes dabei stehendes Verb im cj. gebraucht wird, und bin deshalb geneigt, ein Versehen des Schreibers anzunehmen; bedenklich ist allerdings der Umstand, daß der Schreiber sich dann zweimal in so auffälliger Weise versehen hätte.

Über das Wort yncamos$_{86}$ vgl. oben unter l.

Starke Konjugation.

1. Die Hülfsverba.

habere: Außer im ps. ind. finden sich im P. C. im Gegensatz zum nsp. die Formen meist ohne h geschrieben.

ps. Die Form hemos statt avemos findet sich gewöhnlich nur nach dem inf. zur Bildung des fut. benützt, sonst in der Regel avemos$_{127\ 138\ 198\ 321}$ u. s. f. darledes$_{2992}$.

Das pf. hat durchgängig noch das dem lat. á + u entsprechende o, nicht das nsp. u: 1. sg. findet sich in den Formen of$_{3321}$ und off$_{3320}$ (je einmal) 2. sg. oviste$_{3321}$, 3 sg. ovo$_{68}$ (Anbildungen an ovo sind crovo$_{357}$ crovieron$_{3326}$ croviesse$_{1791}$ v. credere, sovo$_{907}$ u. s. f. v. ser s. d.; und tovo$_{959}$ u. s. f. von tener s. d.) 1. pl. oviemos$_{2143\ 3550}$ 2 pl. — 3 pl. ovieron$_{11}$.

cj. ps. Bemerkenswert ist die Form aydes$_{880}$ ayades$_{1324}$ (vgl. hierzu die Anmerkung p. 55).

Von habiatis ist auch herzuleiten evades$_{253}$ u. s. (daneben die Formen evad$_{2123}$ aqui) und evay$_{2172}$ (Asur Gonçalez).

cj. pf. Neben regelrechtem oviesse$_{20}$ (3. sg.) und so durch finden wir einmal, auf ein Versehen des Schreibers wohl zurückzuführen, ovisse$_{1820}$ (1. sg.).

Die Form oviestes$_{2314}$, die man neben oviessedes$_{1944}$ wohl für die 2. pl. cj. pf. halten könnte, ist zu ersetzen durch oiestes (2. pl. ind. pf. von audire oir).

esse: Im span. ist der inf., das fut., cond., part. ps. und pt. pf. und imper. verdrängt worden durch die entsprechenden Formen von sedere. (Diez. R. Gr. 5, II, 174.)

Ps. Die 1. sg. lautet immer so$_{156}$, nie soy.

Die pf. Formen lauten: fu$_{1934\ 2494\ 3129}$ — fue$_{109\ 111}$ — fuestes$_{71}$ fueron$_{523}$.

Daneben haben wir, jedoch selten, die an ovo angebildeten Formen sovo$_{907}$, sovieron$_{2823}$ und soviesse$_{1787}$.

cj. impf. Neben den gewöhnlichen Formen fuesse u. s. f. finden wir zweimal die nichtdiphthongierte Form fosse$_{2137}$ und fos$_{3590}$ (die zweite Form in der Bedeutung „geben".)

Diese beiden Formen nun scheinen die einzigen zu sein, die uns einen Zug des Dialekts, in dem das P. C. ursprünglich verfaßt war, positiv verraten; da wir nämlich die Formen fue$_{2057}$, fuer$_{1382}$, fueren$_{1356}$ häufig in o-Assonanz stehend finden, so läßt sich mit Rücksicht auf die beiden oben erwähnten Formen behaupten, daß ǫ in dem Dialekt, in welchem das P. C. abgefaßt war, nicht diphthongierte, und daß demnach dem Kopisten, der sonst alle Formen mit ǫ gewissenhaft mit ue schrieb, diese beiden Formen entgangen sind. D. Hinard, der sonst jedesmal, wenn er ein Wort mit ue in einer o-Assonanz findet, mit großem Nachdruck darauf aufmerksam macht, daß sich im „Poema de Alej." das betr. Wort mit o geschrieben findet (was, nebenbei bemerkt, nicht in vollem Umfang richtig ist), scheint sich bei diesen beiden Worten, die ihm doch gewiß gelegen kommen mußten, wenig gedacht zu haben, wenn sie auch nicht in der Assonanz stehen. Den ersten Fall übergeht er stillschweigend, und im zweiten bemerkt er in einer Fußnote nur: „fos pour fuese, et comme dans l'ancien provençal."

Der imper. pl. lautet sed$_{315\ 702}$, pt. ps. seyendo$_{2153}$ nsp. siendo.

2. Erste Klasse der starken Konjugation

(im pf. 1. sg. i und Veränderung des Wurzelvokals).

facere: ps. Eigentümlich sind die Formen der 1. und 2. pl. femos$_{1103}$, feches$_{896}$ (im ganzen fünfmal); pf. auch hier eine kleine Abweichung vom nsp. (abges. v. d. Formen iemos, iestes, die bei allen Verben, außer denen der A.-klasse, sich finden). Die 2 sg. lautet in der Regel noch feziste$_{331\ 332\ 345\ 351}$, fizist finde ich nur v. 3332; es ist also hier das vortonige e noch erhalten, während im nsp. durch Einfluß der 1. und 3. sg. i an seine Stelle getreten ist; in der 1. und 2. pl. finden wir übrigens auch schon im P. C. dieses i: fiziemos$_{3359}$, fiziestes$_{3147,\ 3268}$. Die 1. sg. zeigt im P. C. in der Regel kein e im Auslaut: fiz$_{2675\ 2957,\ 3129}$.

Das fut. zeigt doppelte Formen, je nachdem es gebildet ist mit dem inf. far oder fer: faré$_{104\ 819\ 3473}$, daneben feré$_{1418\ 2033}$ u. s., (fer lo hé$_{84\ 1447}$), fará$_{409\ 635}$ und ferá$_{1958\ 2362}$; die 1. und 2. pl. finde ich nur mit e: feremos$_{584\ 1055}$, feredes$_{895}$, die 3. pl. nur mit a: farán$_{3561}$; auch im cond. zeigen sich beide Vokale: faría$_{2678}$ (1. sg.) und ferie$_{1080}$ (3. sg.).

Der conj. deckt sich in allen Formen mit dem nsp.

Der imper. sg. lautet faz$_{365}$ (die ganze Stelle kommt mir bedenklich vor, besonders der Umstand, daß Ximena auf einmal zur direkten Rede übergeht; besser wäre an der betr. Stelle faga); imper. plur. nicht häufig vorkommend, lautet fazed$_{452\ 985}$ daneben fed$_{2629}$ und fet$_{2107}$. Die inf.-Form, die im nsp. durchgedrungen ist, fazer, findet sich nicht oft; ich fand sie nur v. 252, 2220, 3055, 3601; sonst immer far oder fer (über deren Verwendung s. oben unter a.

part. pf. ausschließlich fecho, a$_{54\ 188}$.

Anmerkung: Es sei hier gleich bemerkt, daß die Verba facere, dicere und placere häufig im ps. 3 sg. ind. das auslautende e verlieren: faz$_{365}$[?] neben faze$_{139,\ 433}$ u. s. f.

videre: ps. in der 3. sg. ist noch das auslautende e erhalten: vee$_{50}$; impf. neben der regelmäßigen Form veýe$_{2945}$ u. s. w. finden wir einmal vien$_{2773}$ und zweimal vie$_{1096,\ 2438}$, bei welchen Formen das im Hiat stehende tonlose e gefallen ist; dasselbe geschah im inf. ver$_{16\ 417}$, pf. 2. sg. vist$_{3218}$ ohne auslautendes e.

Alle anderen Formen decken sich mit den nsp.

Über fe, afé cf. p. 36.

venire: Zum ps. ist nichts zu bemerken; in anderen Zeiten tritt oft an Stelle des e ein i, besonders wenn die folgende Silbe ein (betontes!) ie enthält: impf. vinie$_{456}$ so regelmässig; das perf. zeigt in der 1. sg. Abfall von auslautendem e: vin$_{2371,\ 3131}$, die 2. sg. lautet ähnlich wie facere, venist$_{2409}$. im pl. dagegen ist wieder i eingetreten: viniestes$_{1649}$; alle vom pf. abgeleiteten Formen haben im Stamm i; das part. perf. schwankt zwischen e und i: venido$_{566}$-a$_{1540,\ 1751}$ neben vinida$_{425}$.

Das fut. zeigt regelmäßig Umstellung von n-r zu rn, nur einmal finden wir zwischen n und r d eingeschoben: abendremos$_{3166}$; auch im cond. regelm. Umstellung.

Neben dem imper. venid$_{1804}$ venit$_{888}$ finden wir verschiedene Male venides, und zwar in sämmtlichen Fällen mit imper. Bedeutung: v. 204, 1479, 1919, 2185, 2443, 2890.

3. Zweite Klasse der starken Konjugation.
(perf. auf -si.)

dicere: ps. abgesehen von der im P. C. konsequent durchgeführten Schreibung mit z gegenüber nsp. c (ebenso wie bei dem gleich zu nennenden ducere) sind die Formen dieselben wie im nsp; perf. 1. sg. dix$_{2370}$ (der Sinn scheint an der betr. Stelle allerdings eher das praes. zu verlangen); alle davon abgeleiteten Formen sind regelmäßig. inf. dezir$_{890}$.

ducere: p. s.: Die 1. sg. zeigt nicht die nsp. Form duzco, oder etwa *dusco (analog dem ps. der inchoat), sondern genau dem lat. entsprechend dugo (adugo$_{2188}$), die 3. pl. dagegen aduzen$_{263}$; pf. 1. sg. adux$_{3599}$, 2. pl. aduxiestes$_{1764}$, 3. pl. aduxieron$_{3010}$.

Der cj. ps. zeigt aduga$_{2914}$, adugamos$_{168}$, adugades$_{1485}$; die übrigen Formen sind dieselben wie im nsp. inf. aduzir$_{144}$.

Anzuführen wäre noch falls troçir auf transducere zurückgeht: troçir$_{307}$ troçen$_{543}$ troçieron$_{1475}$ troçida$_{3545}$.

(meter) mittere: zeigt eines der wenigen part pf auf -utum: metudo$_{844}$ metuda$_{914}$ (beide Mal verbal) neben regelmäßigem metido$_{74, 1623}$ inf. meter$_{144}$

prendere nsp. durchgängig schwach konjugiert, hat im P. C. sein pf. noch vollkommen stark erhalten: 1. sg. pris$_{535\ 3288}$ 2. sg. prisist$_{333}$ 3 sg. priso$_{110\ 405}$ 3. pl. prisieron$_{540}$. pt. pf. mit verb. Bedeutung preso$_{617}$, presa$_{586}$ inf. prender$_{592}$.

vivere: Von diesem Verb hat man ein pf. *vixi gebildet und daraus durch Umstellung *visqui oder *vesqui, von welcher Form sich im P. C. einige Ableitungen finden: cj impf. 3 pl.

visquiessen $_{173}$. 1. sg. cj. fut.: visquier $_{251\ 828}$ 1. pl. visquieremos $_{2542}$ 2. pl. visquieredes $_{409\ 925}$: nsp. wird das Verb durchgängig schwach konjugiert.

*nascere (nasci) hat analog vivere ein *naxi neben der schwachen pf. Form gebildet, das in der 3. sg. und in einigen Ableitungen im P. C. auftritt: 3. sg. pf. nasco (32 mal) neben nació (17 mal) 2 pl. nasquiestes $_{379\ 2053}$. 3. pl. plusq. pf. nasquieran $_{1662}$; neben der erstarrten Form nado $_{507}$ die schwach gebildete Form naçido $_{71}$.

quaerere: Alle Formen entsprechen den nsp.; das part. pf. des simpl. ist schwach gebildet und hat adj. Bedeutung in querida $_{1604}$; das des comp. ist stark gebildet und hat verbale Bedeutung in conquista(s) $_{1630\ 1093}$.

radere (Dz. R. Gr. 5 II 186) perf. 3. sg. Rraxo $_{3655}$

trahere: Von dem g, das im nsp. die 1 sg. ps. ind. und der ganze conj. hat, zeigt sich im P. C. noch keine Spur. (Über tred $_{142}$ cf. unter a).

tangere: Zu beachten ist die starke Form tanxo $_{1673}$ *tanxit, die Schreibung schwankt zwischen ñ und n; haben wir es in v. 1658 mit tánien oder mit tanien zu thun? fut. 3. sg. tandrá $_{318}$.

cingere: ps. 3. pl. cinen $_{917}$ pf. 3. sg. çinxo $_{58\ 78}$ 2 pl. çinxiestes $_{41,\ 175}$.

4. Dritte Klasse der starken Konjugation.

(perf. auf -ui).

tenere: es sind hier bloß die in Analogie an hobe gebildeten Formen anzuführen: tovo $_{959}$ tovieron $_{664}$ toviesse $_{1417}$ tovier $_{3081}$ toviere $_{3142}$: interessant ist noch das fut terné $_{450,\ 3049}$.

iacere: pf. yogo $_{573}$. fut. ohne Einschub von d yazredes $_{2635}$: ygamos $_{72}$; cognoscere cf. p. 45.

placere: pf. regelrecht plogo $_{304,\ 522}$ aus placuit, cj. ploguiesse $_{2741}$ daneben plogiesse $_{2046\ 2376}$ cj. fut. ploguiere $_{2626,\ 1060}$ daneben plogiere $_{1047}$ cj. ps. plega $_{282}$. nsp. außer dieser Form noch plegue.

sapere: Zu beachten ist die 3. pl. ps. sabent$_{1174}$ neben saben$_{549\ 799}$ pf. sope$_{2202}$. —, sopo$_{295}$ —, —, sopieron$_{242}$ cj. impf. sopiesse$_{26}$, cj. fut. sopieredes$_{833}$, alle anderen Formen regelmäßig. Die Verba poner und poder stehen im P. C. bereits vollständig auf dem Boden des nsp.; zu beachten ist nur die Form puedent$_{555}$, sonst immer pueden$_{516\ 512\ 713}$

rrespondere: die meisten Belege zeigen, daß das Verb schon zu schwachen Konjug. übergegangen ist, stark konjugiert findet sich nur einigemale die 3. sg. pf. rrespuso$_{131\ 710,}$ $_{979,\ 1390}$ neben rrespondió$_{3042\ 2135\ 3237}$ und rrespondieron$_{3082}$ u. s. f.

Thesen.

1. Das P. C. ist eine von einem spanischen juglar verfaßte Nachahmung einer afr. chanson de geste; das Versmaß, das dem betr. Bearbeiter vorschwebte, war der Alexandriner.
2. Das P. C. zerfällt in drei Teile, nicht wie Herr Vollmöller meint, in zwei, und zwar endigt der erste Teil v. 1085, der zweite mit v. 2277.
3. Im P. C. v. 142 ist mit Herrn Damas Hinard zu lesen: Vamos todos tres anstatt amos todos tred.
4. Im P. C. v. v. 597, 720, 1139, kann in der Wendung firid los cavalleros das Komma unbedenklich nach los gesetzt werden und braucht nicht, wie Herr Cornu Rom. X. 84 will, nach firid zu stehen.
5. In Camoens Lusiadas I 2 darf in dem Satze que forao dilatando a fé o imperio nach fé kein Komma stehen; außerdem muß a den Accent bekommen.
6. In Peire de Corbiac's Hymnus an die Jungfrau Maria, abgedruckt in Bartsch, chrest. prov. 4. Aufl. Sp. 211 ff. ist in der 7. Strophe (Sp. 213, 36) Bartschs Lesart l'avilheje zu verwerfen und an ihre Stelle die Lesart der hs. I: lau e lia zu setzen.
7. Die unter dem Namen der Towneley Mysteries bekannte mittelenglische Mysteriensammlung ist im Süden des nordenglischen Sprachgebiets und zwar mit großer Wahrscheinlichkeit in der Nähe von Wakefield abgefaßt worden.
8. Zur Förderung der praktischen Kenntnis des Englischen und Französischen wäre die Einrichtung von neusprachlichen Instituten in London und Paris sehr zu wünschen.

Lebenslauf.

Geboren bin ich, Carl Ferdinand Koerbs, evangelischer Konfession, am 17. Februar 1867 zu Frankfurt a. M. Bis zum Jahr 1881 besuchte ich die Realschule II. Ordnung Klingerschule, dann das Realgymnasium Musterschule; letztgenannte Anstalt verließ ich Herbst 1884 mit dem Zeugnis der Reife, um mich dem Studium der neueren Sprachen zu widmen. Herbst 1884—85 hörte ich in Berlin, dann bis zum Sommer 1888 in Bonn akademische Vorlesungen. Am 20. Juni 1888 bestand ich das Examen rigorosum. Nachdem ich mich alsdann bis Weihnachten 1889, mit Privatstudien beschäftigt, in meiner Vaterstadt aufgehalten hatte, ging ich Neujahr 1890 zu meiner praktischen Ausbildung ins Ausland. Ein Jahr verweilte ich in England, die beiden folgenden in Paris; Ende 1892 bin ich von dort zurückgekehrt.

In Berlin hörte ich Vorlesungen bei den Herren Professoren und Dozenten Zupitza, Tobler, Scherer, Delbrück, Schwan und Rossi; in Bonn bei den Herren Professoren und Dozenten Förster, Trautmann, Wilmanns, Neuhäuser, Witte, Menzel, Sering und Morsbach. An letzterer Universität war ich mehrere Semester hindurch ord. Mitglied des roman. Seminars und der engl. Gesellschaft; im Sommer 1887 wurde mir ebendaselbst auf Grund einer Arbeit „Über die Assonanzen im Poema del Cid" ein Universitätspreis (Hohenzollernpreis) zuerkannt.

Allen meinen Lehrern, insbesondere aber dem Herrn Prof. W. Förster, bin ich für die freundliche Förderung meiner Studien zu dauerndem Danke verpflichtet.